Hilal Sezgins Tierleben

Von Schweinen und anderen Zeitgenossen

Illustriert von
Rotraut Susanne Berner

C.H.Beck

Für Karin, Tanja, Jan und Jürgen

Gesetzt aus der DTL Dorian und der Agenda bei Fotosatz Amann, Memmingen
Druck und Bindung: CPI – Ebner & Spiegel, Ulm
Umschlaggestaltung: Konstanze & Rotraut Susanne Berner, München
Gedruckt auf säurefreiem, alterungsbeständigem Papier
(hergestellt aus chlorfrei gebleichtem Zellstoff)
Printed in Germany
ISBN 978 3 406 66658 2

www.beck.de

INHALT

HERBST

WINTER

MIT FERNGLAS UND LUPE

Als ich im Januar 2007 aus Frankfurt am Main aufs Land zog, in die Lüneburger Heide, hatte ich keine Ahnung, was mich dort erwartete. Insbesondere war mir nicht klar, wie viel ich hier über und auch von Tieren lernen würde. Wenn man so zwischen Wald- und Dorfrand wohnt, macht man nämlich alle möglichen Bekanntschaften: mit streichelzahmen Haustieren wie Katzen und Schafen; mit Nutztieren – besser gesagt: meist schmählich ausgenutzten Tieren – wie Schweinen und Hühnern; mit wildlebenden Tieren wie Rehen und Wildschweinen und schließlich auch mit ungebetenen Nachbarn wie Ameisen und Ratten.

Und man fragt sich: Wieso gehen wir mit den einen so um und mit den anderen anders? Wer lebt glücklich oder gar glücklicher? Was haben die Katzen eigentlich gemacht, bevor wir Menschen Sofas und Kuscheldecken erfunden haben – und was würden Hausschweine machen, wenn man sie wieder in den Wald entließe? Wie können wir Menschen so viel Frieden in der Natur finden, wenn doch die Natur eigentlich ein einziges Fressen und Gefressenwerden ist – und was für ein Frieden könnte sich zwischen Menschen und Tieren ausbreiten, wenn wenigstens wir Menschen das Tiere-Essen einstellten?

Vor allem aber lernte ich viel über die Individualität von Tieren. Zwar mochte ich Tiere schon immer; meine ganze Familie war

tierlieb, wir vergötterten den Nachbarskater, der uns zu seiner Zweitfamilie erkor, und wurden in den 1980er Jahren Vegetarier. Ich hatte daher immer das Gefühl, an den Tieren «recht nah dran zu sein». Aber nicht *so* nah! Es war dann doch noch etwas anderes, mitten im Agrarland Niedersachsen zu sitzen und Gülle zu riechen, aber nie die dazugehörigen Schweine zu sehen, und selbst Schafe zu versorgen oder Hühner, die aus einer Legefarm kamen. Vor allem diese Hühner lehrten mich etwas Entscheidendes: dass Lebewesen, die von der Industrie so verzüchtet wurden, dass zwei einander fast gleichen wie Klone, doch so viel Persönlichkeit besitzen können – und zwar ganz unterschiedliche Persönlichkeiten.

Je näher wir sozusagen mit der Lupe an die einzelnen Tiere herangehen, desto genauer sehen wir ihre Individualität, die sie natürlich nur entfalten können, wenn sie in Freiheit leben. In einen ungefähr körpergroßen Kastenstand eingezwängt, sieht ein Schwein aus wie das andere – aber sie haben eben auch kein Leben. Erst im freien Leben können sie zeigen, was in ihnen steckt.

Beim nahen Kontakt mit freien Tieren lernen wir daher viel Neues über Tiere – und müssen auch vieles Falsche, was wir über sie eingetrichtert bekommen haben, wieder verlernen und umlernen. Allerdings funktioniert der Erkenntnisgewinn «mit der Lupe» auch bei den Schrecken der Agrarindustrie. Zwar wissen heute viele Menschen, dass Massentierhaltung eine industrialisierte Produktionsweise ist, die nicht eben schonend mit Tieren umgeht: Dort können Tiere eben keine Individuen mehr sein, sondern sind nur «Ressource».

Aber in wie vielen Einzelbereichen wir es bereits geschafft haben, der Biologie gewaltsam den Stempel der Industrialisierung aufzudrücken, das überrascht und entsetzt mich immer wieder. Selbst wenn man schon einiges über die Massentierhaltung zu

wissen glaubt – wenn man ein Branchenmagazin aus der Schweinezucht oder Geflügelmast aufschlägt, wird einem immer wieder ein neuer Schrecken offenbart. Bei jedem Lebensabschnitt dieser Tiere, in jedem Detail zeigt sich wieder dasselbe Prinzip industrialisierter Gefühllosigkeit. Gefühllosigkeit aber, auf empfindende Lebewesen angewandt, ist Grausamkeit …

Von solchen Beobachtungen also erzählen die folgenden kurzen Geschichten, die ich überwiegend in den Jahren 2011 bis 2014 geschrieben habe. Sie haben meist etwas Situatives, sind aus einem bestimmten Erlebnis heraus entstanden. Oft habe ich versucht, abwechselnd mit dem Fernglas und mit der erwähnten Lupe zu arbeiten, um ein bisschen genauer hinschauen zu können und zum Beispiel zu sehen, wie Tiere (Plural) derzeit unter uns Menschen leiden; aber auch um mit Respekt zu erkennen, was für ein unverwechselbares Subjekt seines eigenen Lebens jedes Tier (Singular) ist.

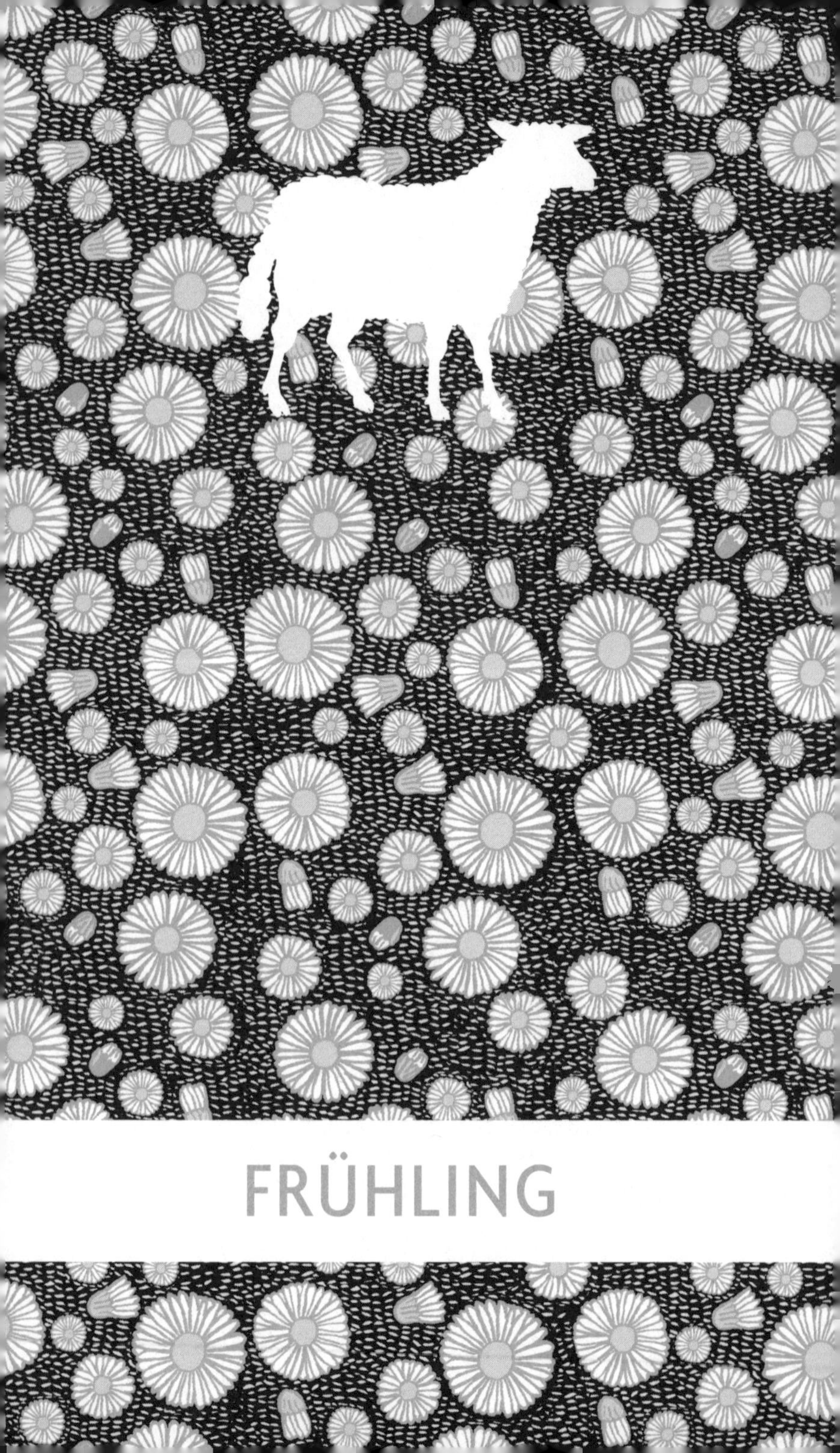

FRÜHLING

MIT SCHAFEN BEFREUNDET

Ich kam zu den Schafen wie die Jungfrau zum Kinde. In meinem Fall also zu zweiundvierzig Kindern. Das sind mehrere zierliche Kamerunschafe, die, wenn sie es eilig haben, eher trippeln als laufen; ein Merinolandschaf mit einem Gesicht so sanft wie eine Madonna; eine Heidschnucke; ein Vertreter der beinahe ausgestorbenen Rasse der Jakobs- oder Vierhornschafe, dessen leicht diabolisches vierhörniges Erscheinungsbild in größtem Kontrast zu seinem Anlehnungsbedürfnis steht; schließlich sämtliche Mischformen in Unzahl.

Einige von ihnen lebten bereits hier, bevor ich vor ein paar Jahren beschloss, meinen Hof in der Lüneburger Heide zu beziehen. Ich kam aus der Stadt, kannte die an sich scheue Spezies Schaf nur von Postkarten oder als Unterrubrik der Gattung Wolke. Plötzlich waren sie meine nächsten Nachbarn, ich übernahm sie von meinen Vormietern. Keiner hatte das so geplant, es ergab sich einfach.

Kaum hatte ich mich etwas eingerichtet, musste ich ein neugeborenes Lamm beerdigen – seit langem meine erste Begegnung mit dem Tod. Als die Herde nach einem nassen Winter zu humpeln begann, wegen einer Klauenentzündung, lernte ich mit Klauenschere und Spritze umzugehen. Als eine Mutter nicht genug Milch hatte für ihre Drillinge, erinnerte ich mich an Lisa aus Bullerbü und gab ihnen die Flasche. Kurz bevor es zu viele Schafe

zu werden drohten, gelang es dem Tierarzt, alle Böcke zu kastrieren. Da tummelten sich hier schon zwei Dutzend Lämmer, im Frühling ging es zu wie im Streichelzoo.

Die Nachbarn aus dem Ort karrten Buggys voller Kinder vor die Stalltür, und diese Kinder quietschten vor Entzücken. Die zutraulichsten Lämmer ließen sich auf den Arm nehmen und streicheln. Und mitten hinein in dieses Idyll fragte mancher Erwachsene: «Und schlachten Sie die dann auch zu Ostern?» Wie bitte – schlachten? Etwa meine Flaschenkinder Josh, Emil und Julchen? Oder Jamina Roo, jenes Lamm, das hüpfen lernte, bevor es den ersten normalen Schritt tat, oder vielleicht jenes namenlose schwarze Lamm, das einmal unter einer Buche eingenickt und von der Mutter vergessen worden war, so dass sie nur mit dem anderen Kind zum Stall zurückkehrte? Es war ein matschiger Märztag, ich erwartete Freundinnen aus Berlin; als sie da waren, warf ich ihnen Gummistiefel zu und suchte mit ihnen nach dem verlorenen Lämmchen …

Nein, Schlachten kommt nicht in Frage. Ob ich wenigstens Käse mache? Nein, auch nicht. «Aber was machen Sie denn dann mit denen?» Nichts! Ich mache gar nichts Besonderes mit «denen». Außer dass ich mich, wenn ich vom Schreibtisch hochblicke, an den Tupfern auf der Weide erfreue. Im Winter füttere ich sie, und im Sommer muss ich ihnen gelegentlich nachjagen, weil wir unterschiedlicher Ansicht sind, was Zäune angeht. Abends, nach der Arbeit, setze ich mich in den Stall; leise malmen sie beim Wiederkäuen; manche seufzen, wenn es ihnen gelungen ist, die Gliedmaßen komfortabel zu strecken; andere traben herüber und fordern mich auf, sie am Hals zu kraulen. Wenn ich nach einer Reise aus dem Auto steige, recken sich zwei, drei Köpfe aus der Stalltür, und das sanfte Merinolandschaf Jana begrüßt mich mit einem warmen, satten Bass.

Dass man Tiere hält, die ohne Nutzen sind, zumal sie «Nutztiere» heißen, scheint für viele Leute gewöhnungsbedürftig zu sein. Wobei ich nicht sicher bin, ob ich die Schafe «halte». Sie sind. Ich bin. Wir sind befreundet. Ihnen einen bestimmten Nutzen abzuringen sehe ich mich weder berufen noch berechtigt. Auch ich bin zu nichts Speziellem nütze. Muss Leben denn zu etwas nütze sein? Ein gesundes Schaf kann bis zu fünfzehn Jahre alt werden, der Nachbar hatte Heidschnucken, die wurden sogar sechsundzwanzig und siebenundzwanzig. Irgendwann allerdings …

Nie werde ich den entsetzten Gesichtsausdruck jener Frau vergessen, die es fast für grausam hielt, Schafe nicht zu «verwerten». Langsam ahnte sie, auf welch entsetzliches Ende das hinauslief: «Aber wenn Sie nicht schlachten … dann müssen die Schafe ja alt werden … und sterben!!!» Ganz genau. Und bis dahin sind sie einfach am Leben, wie wir.

DAS FAASCH ALS LEBEWESEN AN SICH

Kürzlich ist es mir erneut begegnet. Dieses Entsetzen in den Augen eines Menschen, der erfährt, dass es «Nutztiere» gibt, die nicht geschlachtet werden, sondern alt werden und sterben. Und zwar war ich zu einer TV-Diskussion eingeladen mit einem ehemaligen Landwirt und jetzigen Staatssekretär im Bundeslandwirtschaftsministerium namens Peter Bleser. Später würde dieser Mann vor laufender Kamera erzählen, dass Tiertransporte in der EU auf acht Stunden be-

grenzt seien (was nicht stimmt), dass Tiere bei Transporten «gehätschelt und getätschelt» würden (dito), dass in Indien und China bislang «nur Reis gegessen» würde (kein Kommentar) und dass «diese Menschen» geradezu darauf warteten, dass wir sie mit Schweinefleisch versorgten (offenbar die moderne agrarindustrielle Version von «Am deutschen Wesen soll die Welt genesen»).

Mit diesem Herrn also smalltalkte ich vor der Sendung über meine Schafe. Er erkundigte sich, wie ich das machte – ließ ich welche schlachten? Ich sagte, nein, sie seien kastriert, damit sie nicht immer mehr würden und eben keins geschlachtet werden müsse. Ihm ging ein Licht auf: «Aber dann müssen die ja … sterben!» Er schüttelte betroffen den Kopf, und weil ich dachte, er hätte Mitleid mit eventuell gepeinigten alten Tieren, fügte ich hinzu, bisweilen bestellte ich auch den Tierarzt zum Einschläfern. Ich sei dann dabei. – Und der ehemalige Landwirt und jetzige Hätschel-und-Tätschel-Beschwörer rief: «Das könnte ich nicht!»

Er kann also als Staatssekretär des Landwirtschaftsministeriums darüber uninformiert sein, dass es in der EU furchtbare, tagelang dauernde Tiertransporte gibt, er kann anscheinend damit leben, dass trächtige Kühe geschlachtet werden und ihre Föten langsam im Uterus eingehen. Er kann damit leben, dass Mastschweinen die Schwänze abgeschnitten werden, damit andere Mastschweine sie ihnen nicht aus Frust abbeißen. – Aber einem schwerkranken, leidenden Tier, für das es keine Rettung mehr gibt, den Kopf halten, damit der Tierarzt eine schmerzlose Spritze setzt, das könnte er nicht? Ich fasse es nicht.

Nun ja. Ich habe ja nicht nur alte, sondern auch an sich kerngesunde, aber doch pflegebedürftige Schafe. Meinem Joylein muss ich das Hinterteil jeden Abend dick mit Zinksalbe eincremen. Allabendlich seit fünf Jahren. Vorhin fragte plötzlich

die Apotheke, bei der ich wieder mal vier Kilo Zinksalbe bestellen wollte, telefonisch nach, ob es sich um ein Tier handele, das «der Lebensmittelgewinnung diene». In dem Fall dürfe sie die Salbe nur gegen ärztliche Verschreibung abgeben.

Bei der Klärung der Speziesfrage hatten wir zunächst technische Probleme. Die Telefonverbindung war schlecht. Um was für ein Tier es sich handele, fragte also die Apothekerin, und ich sagte: ein Schaf.

«Ein Faasch?» rief sie zurück. «Was iss'n das?»

«Ein SCHAF!»

«Was soll das sein?»

Das ging mehrmals so hin und her. Schließlich machte ich: «Määhhh!»

«Ach so, ein Schaf! Ja, aber das dient doch der Lebensmittelgewinnung.»

Nein, sagte ich, auf meinem Hof diene niemand der Lebensmittelgewinnung. Es handele sich um einen Gnadenhof. Hier würde nicht geschlachtet, und die Zinksalbe habe ein Arzt der Tierärztlichen Hochschule Hannover verordnet.

«Gut, dann werde ich das so notieren. Ich hoffe, das reicht», sagte sie. (Man merkte, sie war immer noch verstimmt, weil ich zunächst behauptet hatte, dass es sich um ein Faasch handele.)

Was ist das für eine Weltsicht, in der jemand, nur weil er (oder sie) ein Schaf ist, automatisch «der Lebensmittelgewinnung dient»? Wie «dient» man eigentlich der Lebensmittelgewinnung? Kann denn ein lebendes, fühlendes, atmendes Wesen vorrangig Lebensmittel – und erst an zweiter Stelle Lebewesen sein?

Und schließlich passiert es mir auch immer wieder, dass ich von meinen Schafen erzähle – und das Gegenüber sofort beginnt, potentielle Saucen und Zubereitungsarten zu assoziieren. Manchmal ist es wohl humorig gemeint, aber ich finde dieses reflexhafte Abspulen von Rezeptideen, sobald ein Tier erwähnt wird,

schon lange nicht mehr witzig. Ist es nicht ähnlich daneben, bei einem Tier sofort an seine essbaren Teile zu denken, wie bei einer egal wie schönen Frau sofort sämtliche körperlichen Merkmale zu kommentieren? Können sich diese Menschen wirklich nicht vorstellen, dass ein Tier zuallererst lebt, und fühlt, um seiner selbst willen existiert? Wie gesagt: Das fasse ich nicht.

OHNE DIE MAMA

In der Zeitschriftenabteilung unseres Supermarkts habe ich ein Kinderbüchlein erworben, das mit vielen Fotos *Tierbabys auf dem Bauernhof* zeigt. Vorne drauf sind zwei entzückende cremefarbene Lämmer, und drinnen wird unter anderem von Osterlämmern erzählt und warum sie so heißen: «An Ostern dürfen die Kleinen dann zum ersten Mal mit Mama und der Herde nach draußen auf die Weide.»

Ganz so ist das natürlich nicht. Das Motiv des österlichen Lamms lehnt sich an das Passahfest an, zu dem ein Lamm geschlachtet wird. Daher ist ein Osterlamm entweder ein Kuchen in Lammform – oder eben ein Lamm, das zu Ostern als Braten auf den Tisch kommt. Wenige Monate alt ist ein solches Lamm bei seiner Schlachtung; daher verlegen Schäfer bei einigen Schafen auch den Deckakt (die Zeugung) ein paar Wochen nach vorne, damit die Lämmer bei ihrer österlichen Schlachtung überhaupt

schon genug auf den Rippen haben. Mit Osterlämmern meinen sie dann diese extra früh Geborenen. Wenn man der christlichen Terminologie die Gourmetsprache vorzieht, kann man übrigens auch von einem Milchlamm sprechen: Das ist ein Lamm zwischen zwei und sechs Monaten, das noch bei der Mutter trinkt.

Erstaunlich viel Fantasie beweist das Büchlein auch bei anderen «Tierbabys», zum Beispiel beim Küken. «Sobald seine Federn getrocknet sind, läuft das Küken eifrig seiner Mama hinterher und will die Welt erkunden.» Wohl kaum. Fast 100 Prozent unserer Hühner entstammen Hochleistungsbrütereien mit Elektrowärmelampen und Kunstlicht; eine Mama, der sie hinterherlaufen könnten, haben sie nicht. Darum sitzen sie hilflos piepsend auf dem Boden, ohne dass je eine Glucke kommt, um sie zu hudern. Immer wieder gibt es in den Aufzuchtställen sogenannte «Hungertote», wenn einige Küken das Körnerfutter ohne Hilfe einer Mutter nicht finden.

Mutterlos wächst auch das Kalb auf, das laut Tierbaby-Buch im Sommer «mit seiner Mama auf die Weide darf». «Übermütig tollt es dort mit anderen Kälbern herum und kommt immer seltener zum Trinken an Mamas Euter.» Ein privilegiertes Kalb ist das. Mamas Euter gehört heute der Melkmaschine, die Kälber werden nach der Geburt von ihren Müttern getrennt, saufen angerührten Milchersatz aus Eimern und bekommen zur Bekämpfung ihres Saugimpulses Anti-Saug-Ringe aufgesetzt.

Das «Tierbaby»-Schweinchen suhlt sich mit seinen Geschwistern im Schlamm, das Zicklein klettert «geschickt» steile Abhänge hinab … Die allermeisten Bilderbücher zeigen uns Höfe mit gemischter kleinbäuerlicher Tierhaltung, die es so nicht mehr gibt, und erzählen von Tieren, wie sie nicht leben. Sonderbar, denn bei anderen Ernährungsbereichen würde man die

industrielle Gegenwart nie derart historisch verbrämen. Übers Brot romantisiert man nicht: «Morgens bäckt die Hausfrau das Brot. Die Magd hat den Ofen schon mit Holz befeuert.» Sondern man verwendet das Wort «früher» und die Vergangenheitsform: «Früher buk jeder Haushalt sein eigenes Brot.» Auf der letzten Doppelseite eines Bilderbuchs über das Brot würde dann vielleicht das Innere einer modernen Brotfabrik mit großen Tiegeln und Fließbändern gezeigt.

«Früher lebten Ferkel, Kälber und Küken noch bei ihren Müttern. Wenn der Frühling kam, durfte die ganze Herde auf die Weide gehen. Und heute …» – Er begann die Recherche zu seinem Buch «Tiere essen», berichtet der Schriftsteller Jonathan Safran Foer, als er Vater wurde. Welche Geschichten würde er seinen Kindern übers Essen erzählen? Er entschied sich gewissermaßen, nur noch solches Essen zu verzehren, dessen wahre Geschichte er seinen Kindern zumuten konnte. Anders als Foer jedoch scheinen sich die meisten Eltern mit Märchen zufrieden zu geben – ohne allerdings den Mut zu haben, deutlich zu machen, wo der Bereich des Fiktionalen betreten wird. Man liest den Kindern von einer Meerjungfrau oder einem Gespenst vor, und zum ungetrübten Spaß daran gehört gerade, dass alle Beteiligten wissen, dass es Meerjungfrauen und Gespenster genau genommen nicht gibt. Bei den Märchen vom Bauernhof mit seinen Tierbabys ist das aber nicht so. Kinder bekommen sie vorgelesen, als entstammten sie der Reihe «Was ist was?» Wir lassen Kinder in dem Glauben an den fröhlichen kleinen Bauernhof, ja, viele Erwachsenen glauben gar selbst noch daran!

Keine Realität, sondern ein Traumbild. Dass auch wir Erwachsenen oft nicht einmal die Kluft zwischen Realität und Traum wahrnehmen, sie nicht als schmerzlich empfinden und daher auch wenig unternehmen, um Traum und Realität einander anzupassen, das ist das Beängstigende daran.

DAS SCHWEIGEN DER LÄMMER

Ich hätte ja nie gedacht, dass sich meine Wege mal mit denen von Jodie Foster kreuzen würden. Oder mit denen von Anthony Hopkins, oder Hannibal Lecter. Aber wie man's auch wendet: Die Assoziation ist da.

Sie kam mit den ersten, schönen Maitagen. Binnen kürzester Zeit war der Buchenwald gleichsam explodiert mit hellgrünen Blättern. Hundsveilchen auf dem Waldboden, dottergelber Löwenzahn. Am ersten Mai holte ich die Gartenmöbel heraus. Steckte den Sonnenschirm ein – es war einfach herrlich. Von meiner Terrasse aus kann ich auf die Schafsweide blicken; die Tiere verteilten sich wie Gänseblümchen auf der Wiese. Sie sind jedes Frühjahr genauso glücklich wie ich, wenn die Sonne wieder herauskommt, und lassen sich oft umständlich mitten auf der Wiese niederplumpsen, um den Hals im Gras langzustrecken und mit möglichst viel Rückenfläche Wärme zu tanken. Ein Bild größten Behagens.

Am entgegengesetzten Ende der Weide, hinter einem Stück Wald, hält ein Nachbar ebenfalls ein paar Schafe. Ich kann sie nicht sehen – aber hören. Ich lag also mit Sonnenbrille und ein paar ersten Tupfern Sonnencreme fröhlich in meinem Liegestuhl. Im Hintergrund hörte ich die Stimmen einiger Mutterschafe und Lämmer. Mit Schafen und ihrem Nachwuchs geht das so: Die Mütter haben meist einen tiefen Bass, und die Lämmer stoßen ein helles, liebliches «Mäh» oder «Bäh» aus, beinahe gesungen, beinah schon künstlich – es klingt eher wie eine Disneyversion von Lamm als wie ein echtes Lamm.

Bass, Sopran, Bass, Sopran – das geht dann im Wechsel hin und her, bis die Mutter ihr Lamm wiedergefunden hat, nachdem dieses eine Zeitlang mit den anderen Lämmern im Schafkindergar-

ten (so nennt man das wirklich!) gespielt oder geruht hat. Die Mutter grast, um tüchtig Milch zu bilden, die Lämmer hüpfen ein bisschen durch die Gegend, liegen nebeneinander und nuckeln bereits mit ein paar Tagen ab und zu an einem Grashalm. Total ineffizient, ungefähr wie ein Kind an einem Kuli, wenn es «Rauchen» spielt.

Ich lag also auf der Terrasse und wollte lesen und entspannen – ein wenig ennervierend war das ganze Gemähe und Gebähe schon. Für jemanden, der keine Schafe hat, ist es sicher eine idyllische Geräuschkulisse – aber ich konnte leider die Stimmen der Lämmer allmählich unterscheiden und merkte, dass eins davon keine Antwort erhielt. Sopran, Sopran, Sopran im Drei-Minuten-Takt – sonst nichts.

Ich fuhr zuerst zu der Weide – manchmal klemmt sich ein Lamm irgendwo ein, aber das Rufende sah völlig gesund aus – und dann zum Nachbarn. «Dein eines Lamm ruft ununterbrochen», sagte ich.

«Das macht nichts», sagte er. «Ich hab bloß seine Mutter verkauft, zum Schlachten.»

«Und seitdem ruft es?»

«Ja, das macht es schon seit ein paar Tagen.»

«Und wie lange geht das jetzt noch weiter?» Meine Frage klang vermutlich absurd, so als wollte ich mich über eine Motorsäge in der Mittagszeit beklagen. Dabei hatte ich eher Mitleid mit Mutter und Lamm. Bloß wusste ich noch nicht, wie ich das dem Nachbarn mitteilen sollte. Was er getan hatte, war ja völlig legal; zudem hatte auch er vermutlich heute seine Terrasse eingeweiht und wirkte rundherum vergnügt.

«Sicher hört es heute auf», sagte er.

Bestechende Logik. Wenn es doch schon seit Tagen rief? «Das arme Lamm!», sagte ich.

«Wieso?» Er war ehrlich erstaunt.

«Es vermisst ja seine Mutter.»
«Ach, das macht nichts. Es ist schon drei Monate alt.» In der Tat können sich Lämmer in dem Alter bereits von Gras ernähren. Wenn man sie ließe, würden sie allerdings noch mehrmals täglich bei der Mutter saugen. Und zwar für ein paar weitere Monate.
Ungefähr die Hälfte meiner Schafe, einige männlich, andere weiblich, ist schon seit Jahren ausgewachsen, bleibt aber weiterhin gern in der Nähe der Mutter. Vor allem Töchter und Mütter gehen nebeneinander auf die Weide und legen sich nebeneinander schlafen; die längst ausgewachsene Jane zum Beispiel legt gern beim Wiederkäuen den großen Kopf auf Mamas Rücken. Bei Menschen nennt man so etwas: Familie.
«Aber es vermisst seine Mutter ja trotzdem», sagte ich.
«Das ist nicht schlimm», sagte er und klopfte mir freundlich auf den Arm.
Er sagte wörtlich: «Das ist nicht schlimm.» Ich sagte «danke». Wofür? Na, irgendwie musste ich das Gespräch ja beenden. Ich hatte wirklich keine Ahnung, wie sonst. Es gibt nichts, was ich für das Tier tun könnte. Die Terrassensaison ist erst mal abgebrochen. Und jetzt sitze ich hier drin und warte. Auf das Ende der sonnigen Tage. Auf das Schweigen der Lämmer.

NIEDLICH UNTERSCHIEDLICH

Ich kann nicht mehr rekonstruieren, wie es gekommen ist. Aber irgendwann in all den Jahren, die meine Katze und ich schon zusammenleben, muss ich mir angewöhnt haben, ihre anmutigen Bewegungen mit dem Wort «süß» zu kommentieren. Nicht nur ihre Bewegungen, auch die Posen, in denen sie schläft. Oder die Art, wie sie frisst oder sich durch die Katzenklappe quetscht. Irgendwie haben sich in dieses «Süß» dann weitere Üs eingeschlichen, so dass daraus ein langgestreckter Ruf geworden ist, der zwischen Kosewort und Nebelhorn changiert. Kein lieblicher Laut, aber meine Katze bezieht ihn auf sich und reagiert, wenn sie das Wort «süß» hört, ihrerseits mit einem erfreuten kleinen Krächzen. Schon aus diesem Grund muss ich an dieser Gewohnheit festhalten, obwohl möglicherweise einiges für eine Abkehr spräche.

Zumindest konnte ich jenen Freund gut verstehen, der einmal sagte: «Mir macht das ja nichts aus. Ich hoffe nur, dass du nicht auch so trompetest, wenn andere dabei sind. Die denken sonst, du hast einen an der Marmel.» Ich beteuerte, ich würde vor anderen nicht so sprechen, und wir beide wussten, es war eine Lüge.

Denn im Grunde ist das beschriebene Phänomen ja jedem Tierliebhaber vertraut, und gleichzeitig suchen wir es als Geheimnis zu hüten: Sprich bloß keine Babysprache in der Anwesenheit von Fremden! Im digitalen Zeitalter sollte man diesem ehernen Gebot noch ein zweites hinzufügen: Unterlass es, auf youtube nach Tiervideos zu suchen und diese an alle Freunde zu verschicken. Egal, wie rührend die Videos sein mögen, diese Angewohnheit hinterlässt auf Dauer einen unseriösen, sentimentalen Eindruck.

Was gibt es im Internet nicht alles Süßes zu finden! Der Themenbereich «Freundschaft unter Tieren» scheint besonders ergie-

big. Man kann Hündinnen beobachten, die Igelkinder säugen, Meerschweinchen, die auf einer Nilpferdschnauze schlafen, und Katzenbabys, deren Pfoten vom Rücken eines Hängebauchschweins baumeln. – Das sind jetzt nur Beispiele. Im Grunde scheint jede Kombination denkbar. Und lange Zeit habe ich gedacht, dass es sich bei solchen Tierfreundschaften um Einzelfälle handele – um Kuriositäten, um neurotische Irrwege, um fehlkonditionierte Tierseelen, die nicht wissen, wo die Grenze zwischen «wir» und den «anderen» verläuft.

Wobei ich mich sonderbarerweise nie gefragt habe, warum es fast allen Tieren möglich sein soll, mit uns, den großartigen Menschen, befreundet zu sein. Nur wenn unterschiedliche Tierarten untereinander Pfötchen hielten, hielt ich dies für potentiell irregeleitet.

Bis mir in den letzten Wochen endlich klar wurde, dass sich genau solch eine Freundschaft direkt vor meinen Augen abspielt. Und zwar die zwischen meinen Schafen und den beiden Gänsen. Die Schafe leben auf ihrer Weide und in einem großen Stall, und die Gänse haben ihr Quartier in einem zweiten Grundstück, das an den Schafstall anschließt. Hier, direkt am Zaun zwischen beiden Territorien, verbringen die Gänse ihre Zeit am liebsten. Immer geht ihr Blick zum Schafstall, und oft genug stehen auch ein, zwei Schafe auf der anderen Seite, den Kopf leicht gesenkt. So schauen sie einander minuten-, oft viertelstundenlang tief in die Augen.

Zuerst hielt ich es für Zufall. Dann für eine Zweckgemeinschaft – manchmal zwicken die Gänse die Schafe leicht in die Nase. Warum tun sie das? Falls Sie, liebe Leserin, praktisch denken: Nein, die Schafe haben keine Parasiten. Und glauben Sie mir, ich weiß gut genug, wie sich ein Gänsebiss anfühlt, um den Unterschied zu diesem sanften Schnäbeln zu sehen. Manchmal zerzausen die Gänse den Schafen das Fell, manchmal stehen

beide Parteien nur da, den Blick ineinander versunken. Sprechen sie? Aber wenn ja, welche Sprache? Ich sehe keine Bewegung, höre keine Geräusche. Himmeln die Gänse die Schafe vielleicht an – süüüß? Mögen sie einander, fühlen sie sich einander verbunden? Doch wie kam das, und warum muss man so dicht beieinander stehen, nur von einem Zaun getrennt, die Köpfe zugewandt und auf Augenhöhe?
Das fiktive Raumschiff Enterprise verfügt über einen universellen Dolmetsch-Computer, der die Sprache jeder möglichen Lebensform in die einer beliebigen anderen überträgt. So etwas bräuchten wir auch auf Erden. Sofort würde ich mir das bestellen. Dann wüsste ich endlich, wie es sich anfühlt, ein zärtlicher Ganter, ein bewundertes Schaf oder ein auf einem Nilpferd ruhendes Meerschweinchen zu sein.

DIE HELFERINNEN DES OSTERHASEN

Wo die Elbe in die Nordsee mündet, eingeklammert von Fluss und Meer, zwischen Kurbetrieb und Tiefseehafen, da liegt Cuxhaven. Wie würde der Osterhase die langen Ohren spitzen, wenn er hörte, dass dies die Heimat seiner Helferinnen ist! Denn hier ist die Firma Lohmann Tierzucht beheimatet, Marktführer für Legehennen in Deutschland, Weltmarktführer sogar: Laut Firmenaussagen stammt weltweit jedes dritte Ei von Lohmann.
In Lohmanns Laboren werden neue Hühner ausgeheckt: weiße

und braune, für Freiland und Käfig, für heißes Wetter oder kühles, für Europa oder Libyen, Japan, Mexiko. Auf der Lohmann-Webseite bekommen sie bescheinigt, was für tüchtige Arbeiterinnen sie sind: Eine Lohmann LSL-Classic legt bis zu 325 Eier pro Jahr, Schalenbruchfestigkeit über 40 Newton, Produktionsspitze 94–96 Prozent. Diese Hühner sind für die Einsatzdauer von ungefähr einem Jahr designt, in der sie so viele Eier wie möglich legen sollen. Es wird ausgetestet, wie viel Licht und welches Futter die Hühner in welcher Lebenswoche erhalten müssen, um höchste Legeleistung zu bringen. Firmeneigene Labore produzieren Impfstoffe für «bestandstypische Erreger» und verkaufen diese gleich mit, weltweit.

Zwischen den Hühnern einer solchen Zuchtlinie gibt es keine nennenswerten genetischen Unterschiede mehr, sondern sie verdanken sich einer extremen, an ökonomischen Imperativen orientierten (In)zucht. Doch gerade weil sie einander fast ähneln wie Klone, ist eines umso erstaunlicher: dass sie trotzdem so ausgeprägte Persönlichkeiten besitzen. Das merkt man, sobald man diesen Legehennen eine neue Heimat gibt. Schon mehrmals habe ich solche Hennen, die im Alter von einem Jahr regulär geschlachtet werden sollten, sich aber in irgendwelchen Stallritzen vor dem Schlachttransport verstecken konnten, vom Besitzer der Farm geschenkt bekommen und auf meinem Hof untergebracht. Zum Beispiel Gloria, die nach der Sängerin von «I will survive» benannt wurde, weil sie zunächst eine Legedarm-OP überstehen musste, bevor sie meinen Garten unsicher machte und sich auf das Aufstöbern toter Frösche spezialisierte. Oder Kid, die auf Zuruf herbeigeflitzt kam, gelegentlich auf meiner Schulter thronte wie ein Piratenpapagei und sich das Recht herausnahm, vom Gartentisch Erdbeeren und Kekse zu stibitzen. Egal, wie laut ich schimpfte, und egal, welchen städtischen, hühnerungewohnten Besuch ich gerade empfing.

Heute noch leben bei mir Agnes und Trish, die sich leider partout in den Kopf gesetzt haben, ihre Eier in die Heuraufe der Schafe zu legen. Ständig baue ich an die Absperrung weitere Zaunteile an, aber Agnes und Trish überwinden Hindernis um Hindernis, kuscheln sich ins Heu und legen ihre Eier in gemütliche breite Kuhlen. Es sieht lustig aus, wenn ein Schaf seine Nase in die Raufe steckt und dann unvermutet im Heu auf die harten runden Dinger stößt.

Dennoch beschämt es mich auch immer, die Mühen und den Erfindungsreichtum der Hühner beim Nestbau zu sehen. Ein namenloses Huhn eilte jeden Morgen überstürzt aus dem Hühnerstall zu der großen Linde. Erst nach Wochen verstand ich, dass es in einer Astgabel ein Nest mit zig Eiern angelegt hatte. In den modernen Ställen hingegen ist alles genormt, da werden Plastikmatten in die Nistregale eingelegt. Da ist nichts mit Reinkuscheln, da muss alles leicht zu reinigen sein. Da rollt dem Huhn das Ei unterm Po weg, noch bevor es sein «Ich habe gelegt! Ich habe gelegt!»-Gegacker zum Abschluss gebracht hat.

Und überhaupt: Die heutigen Hühner legen viel zu viele Eier. Mehr als ihnen gut tut. Eigentlich – man vergisst das so leicht – sind Hühner ja schlicht Vögel. Das wilde Bankivahuhn legt jedes Jahr zwanzig Eier, setzt sich auf das Gelege und brütet. Dem modernen Hybridhuhn haben wir den Bruttrieb weggezüchtet. Den Kalk für die von der Firma angepriesenen 325 Eier pro Jahr aus dem Körper zu holen, geht den Hochleistungshühnern aufs Skelett. Daher leiden heutige Hennen oft unter Osteoporose. Auch unter chronischer Eileiterentzündung, Bauchfellentzündung, Leberverfettung, Darmvorfällen und Kloakenverletzungen.

Und trotz schmerzhafter Erkrankungen legen sie weiter wie Maschinen ihre Eier. Sind sie etwa Maschinen? Natürlich nicht! Und dass wir inzwischen schon so viele Fernsehbilder von Skan-

dalen gesehen haben – federlose Hühner, siechende Hühner, vornüberfallende Hühner –, heißt umgekehrt nicht, dass ein Huhn mit Federn, das aufrecht stehen kann, bereits ein gutes Leben hat.

Zu Tausenden pferchen wir sie in einen Stall, obwohl Hühner nur mit bis zu fünfzig Individuen stabile Gruppen bilden können, alles andere ist purer Stress. Und, blöde Frage vielleicht, trotzdem die wichtigste: Was sollen zigtausend dermaßen neugierige, lebhafte und individuell veranlagte Tiere in einer Halle mit Betonboden und ein paar Anstandshalmen Stroh eigentlich den ganzen Tag tun?

Nachdem die Hühner ihr erstes, produktives Jahr in der Legefarm gefristet haben, sind sie in einem schlechten Zustand, aber oft kann man sie wieder aufpäppeln. Dann erleben sie alles zum ersten Mal, was in einem Huhn biologisch so angelegt ist: Unter der großen Linde neben meiner Terrasse scharren sie um die Wette, spreizen in der Sonne ihre Flügel und freuen sich auch über den Regen, weil er die Würmer aus dem Boden treibt. Hühner sind pittoreske Tierchen, die ständig geschäftig herumwuseln, bis eine Art kollektiver Mittagsruhe sie irgendwann überwältigt. Später legen sie sich unter einen Strauch und geben leise, singende Töne von sich, anheimelnd und beruhigend auch für das menschliche Ohr.

Dass Lohmanns Legehennen auch nach Mexiko, Libyen und Japan verkauft werden, heißt im Grunde, dass die scharrenden Hühner unter meiner Linde mit Hühnern in aller Welt verwandt sind. Könnte eine schöne Vorstellung sein, ist es aber nicht. Es bedeutet schließlich nur, dass Kleinbauern überall von Massentierhaltern verdrängt werden dass Laborzüchtungen überall in Käfige gesperrt werden und dass sich Konsumenten in aller Welt daran gewöhnen, ein billiges Frühstücksei für selbstverständlich zu halten.

Dabei vergessen sie: Den wahren Preis dafür zahlt das Huhn. Wenn das der Osterhase wüsste! Sicher würde er auf Schokolade oder Selbstgebasteltes umsteigen. Denn kommerzielle Ostereier von glücklichen Hühnern gibt es nicht.

ALLES FÜR EIN HÜHNERLEBEN

Aha, nun bekamen manche Hühner also Industriefette zu fressen. Tausende hatte man «vorsorglich» getötet. So überraschend war das eigentlich nicht, nur halt der neueste Skandal. Im Autoradio berichteten sie von den Dioxin-Eiern, und ich fuhr gerade von Bremen in die Lüneburger Heide zurück. Auf dem Rücksitz hatte ich eine Katzentransportbox stehen, darin saß ein einzelnes Huhn. Ein ziemlich munteres Huhn – immer wenn ich nach hinten schaute, ruckelte es mit dem Kopf und fixierte mich mit funkelnden Augen. Warum es in solch einem Korb sitzen musste, schien es nicht einzusehen.

Ich hatte dieses Huhn vor drei Wochen erhalten, es stammte aus einer Legefarm, hatte ein Jahr fast jeden Tag ein Ei gelegt. Danach wurde es zu mir auf den Hof gebracht, konnte seine Freiheit aber nicht genießen, sondern saß im Stall in einer Ecke, rührte sich kaum und atmete schwer. Die hiesige Tierärztin tippte auf eine Lungenentzündung, gab ein Antibiotikum. Zwei

Wochen später war das Atmen immer noch nicht besser geworden, das Huhn starrte nur noch stumpf vor sich hin.
Ich kam an einen Punkt, über den ich mehrfach schon nachgedacht hatte: ob es sinnvoll ist, ein vom vielen Legen erschöpftes, überzüchtetes, eventuell von Tumoren befallenes Huhn überhaupt behandeln zu lassen. Bevor ich zum ersten Mal alte Hühner aufnahm, hatte ich mir fest vorgenommen: kein Tierarzt! Welche Mühe, welche Kosten. Ich bin schließlich nicht verrückt!
Dann aber lernt man ein Huhn persönlich kennen, sieht, wie es einfach nur dasitzt und vor sich hin siecht. Man wird schwach. So ein Hühnerschmerz ist schließlich auch nicht weniger schlimm als jeder andere Schmerz, denkt man. Kein Lebewesen will langsam ersticken! Man fährt das Huhn erst zum nächsten Tierarzt, später zu einem Spezialisten. Offenbar war der Bauchraum voller Zysten. «Ich könnte da eine sehr aufwändige, kostspielige Operation machen», sagte die Vogelspezialistin, in deren Praxis wir nach anderthalb Stunden Fahrt schließlich landeten. «Die Überlebenschance liegt bei 30 Prozent.» Spätestens da wäre natürlich der Punkt gekommen …
Stattdessen vereinbarten wir, dass ich das Huhn in der Klinik lassen und die Tierärztin am Nachmittag operieren würde. Um 18 Uhr wollte sie anrufen. Erst um halb acht war die OP beendet. Das Huhn hatte die lange Narkose gut verkraftet, und am nächsten Tag fraß es schon munter Katzenfutter, so erzählte man mir am Telefon. Einen weiteren Tag später konnte ich es abholen. Die Straßen waren grau und öde. Der Schnee war am Schmelzen und zog sich von Wiesen und Feldern zurück. Ich dachte, dass es abgesehen von dem allgemeinen Wahnsinn, für ein Huhn vier Mal 120 Kilometer zu fahren, sicher sowieso die trostloseste und langweiligste Strecke Norddeutschlands war.
Dann aber überreichte mir die Tierärztin das Huhn, und ehrlich:

Alles war vergessen. Hier war jemand buchstäblich zu neuem Leben erwacht! Einen so lebendigen Blick hatte ich bei diesem Huhn noch nicht gesehen; es lief umher und wollte ununterbrochen fressen. Nach der Operation wog es 500 Gramm weniger als vorher, so viel Flüssigkeit war im Bauchraum gewesen. Nun hatte man ihm zur Vorbeugung weiterer Zysten ein Hormonpräparat implantiert, und am Bauch hatte es eine zehn Zentimeter lange Naht, mit Silberspray fixiert. Es war ein kleines technisches Wunder – irgendwie verrückt. Einst war das Huhn zur Legemaschine gezüchtet worden, plötzlich wurde es operiert, fast wie ein Mensch. «Jetzt dürfen Sie es ruhig ein wenig päppeln», sagte die Tierärztin. Ich versicherte, das würde ich nur zu gerne tun.

Auf dem Rückweg wieder diese trostlosen Schnellstraßen. Zwei Mal überholte ich einen Pferdetransporter: Ha, wie viel Zeit und Geld Pferdenarren in ihr Hobby stecken! Da werde ich doch wohl mal ein Hühnchen zum Tierarzt bringen dürfen!, redete ich gegen meine (imaginären) Spötter an. Dann, auf der Gegenfahrbahn, ein Schweinetransporter. Oft genug hatte ich schon hinter den Lüftungsschlitzen ihre rosafarbenen Steckdosenschnauzen gesehen.

All das versteht man nicht, das kann man einfach nicht verstehen. Hier gibt man sich für ein federleichtes Wesen so viel Mühe. Dort fahren zwei mit geflochtenen Mähnen zum Turnier, und drüben Dutzende in den Tod. Mein Huhn ahnte von diesen Überlegungen nichts, es beäugte mich funkelnd weiter. Nein, da gibt es keine Rechnung, die aufgeht, da steht kein großer Plan dahinter. Dieses kleine Leben hier, immerhin dieses haben wir erst mal sicher!, sagt man sich und findet, als Grund zur Freude ist das für heute genug.

BERUFENE BESCHÜTZER

Von einem meiner zahlreichen Besuche in der Tierklinik blieb mir ein junger Tierarzt als besonders geduldiger Operateur in Erinnerung. An einem Sonntag brachte ich ein Huhn mit einem Darmvorfall zum Notdienst, und weil die Klinik nicht voll besetzt war, mussten eine Nachbarin und ich dem Arzt assistieren. Das ist schon eine spezielle Weise, sich näherzukommen: Meine Nachbarin hielt die kleine Narkosemaske, ich die Beine des Huhns. Und besagter Arzt, nennen wir ihn Malte, vollführte eine sogenannte Tabaksbeutelnaht: eng genug, um den Darm im Körper zu halten, doch locker genug, um ein Ei hinauszulassen. Dabei ist besonderes Fingerspitzengefühl gefragt. Eine Stunde lang nähte Malte, bis er zufrieden war (und das Huhn erholte sich später völlig).

Derselbe Malte eröffnete mir kürzlich, dass er seinen Jagdschein mache. Ich konnte es zunächst nicht glauben: Ob er wirklich jagen wolle? Ja, denn er habe keine ethischen Probleme damit, Rehe und Wildschweine zu schießen, und auch keine mit der für die Tiere besonders aufreibenden Treibjagd. Auch sein Chef, der Leiter der Tierklinik, ist Jäger. Und zwei andere mir bekannte Tierärzte, die sich auf Vögel spezialisiert haben, sind Falkner (sie jagen also zum Beispiel Tauben mit Falken). – Mal abgesehen davon, wie man über das Thema Jagd generell denkt: Stimmt es nicht nachdenklich, dass ein Mensch, der von Berufs wegen Tiere heilt, dieselben Hände auch zum Töten gesunder Tiere einsetzt? Der den einen Vogel operiert und in seiner Freizeit einen zweiten durch einen dritten zu Fall bringt? Wie lautet überhaupt das Ethos eines Tierarztes, im Vergleich zu dem eines Menschenarztes?

Was früher der hippokratische Eid war, formuliert die Bundes-

ärztekammer heute in der Muster-Berufsordnung als ärztliche Aufgabe: «das Leben zu erhalten, die Gesundheit zu schützen und wiederherzustellen, Leiden zu lindern ...». Dabei dürfen Ärzte «weder ihr eigenes noch das Interesse Dritter über das Wohl der Patientin oder des Patienten stellen». Anders verhält es sich hingegen beim Tierarzt. Seine Verantwortung scheint nur in bestimmten Fällen dem kranken *Patienten*, in anderen aber einem menschlichen *Kunden* zu gelten. Zwar wird er in seiner Berufsordnung einerseits «der berufene Beschützer der Tiere» genannt, hat aber gleichzeitig «den Menschen vor Gefahren und Schädigungen durch Tierkrankheiten sowie durch Lebensmittel und Erzeugnisse tierischer Herkunft zu schützen».

Doch das sind zwei unterschiedliche und manchmal sogar konträre Ziele. Bestimmungen zur Seuchenprävention verlangen nicht nur oft das Töten lebensfähiger Tiere, sondern das Nahrungsmittel Fleisch entstammt ja ohnehin einem getöteten Körper. Und so ist der Tierarzt, der in einem Schlachtbetrieb arbeitet, eben nicht als «berufener Beschützer» des Tiers, sondern eher als Unterstützer seines Schlächters unterwegs. Neben fünfundsiebzig Stunden im Hygiene-Bereich umfasst daher das Studium der Tiermedizin auch ein rund dreiwöchiges Praktikum in einem «Schlacht- und Zerlegebetrieb».

Ich schrieb die Bundestierärztekammer an, doch deren Vertreterin verstand meine Irritation nicht. «Selbstverständlich» gehörten beide Seiten – das Heilen von Tieren und die Überprüfung der Schlachtkörper – zusammen. Schließlich falle auch der Verbraucherschutz in den Verantwortungsbereich eines Tierarztes. Die Arbeit im Schlachthof «schreckt niemanden ab, jedenfalls ist uns niemand bekannt, und die Bundestierärztekammer hat meines Wissens noch nie eine Beschwerde deswegen erhalten ... Selbst Vegetarier ... haben damit unseres Wissens keine Probleme.» – Letztere Aussage verdankt sich womöglich einem

drastischen Kommunikationsloch. Sogar Malte, der nachweislich *kein* Vegetarier ist, erzählt Horrorgeschichten aus seiner Ausbildungszeit im Schlachthof.
Hier Tierschutz, da Verbraucherschutz: Das ist jedenfalls nicht dasselbe. Wird das Tier vom Tierarzt denn nun als Patient angesehen – oder als «Nutztier»? Ein Arzt, so könnte man eigentlich meinen, trägt Sorge für das Wohl des ihm Anvertrauten und achtet ihn als einen Zweck an sich. Dies scheint für tierische Patienten nicht zu gelten. Vielmehr spiegelt sich in der Berufsordnung der Tierärzte die allgemeine Auffassung unserer Gesellschaft, die zulässt, ja sogar fordert, dass das Tier immer wieder zum bloßen Objekt wird.
Dabei sind Tierärzte eine Gruppe von Menschen, die viele wertvolle Informationen besitzen über das Geschehen «hinter den Kulissen». In einem Fachmagazin las ich kürzlich den Bericht eines Amtsveterinärs, der an seine Kollegen appellierte, mehr gegen das Elend in den Mastbetrieben zu unternehmen. Er schilderte einige der Fälle, die ihm im Schlachthof begegnet waren oder immer wieder begegnen, zum Beispiel nicht verheilte Kastrationswunden bei Schweinen, handtellergroß, oder krank angelieferte Schweine. Ein Schwein hatte der Tierarzt gesehen, das zwei seiner vier Beine offenbar schon lange nicht mehr benutzen konnte; es benutzte den Rüssel als drittes «Bein»; die Rüsselscheibe (die «Steckdose») war entsprechend verschorft und vernarbt. Kann man sich vorstellen, dass ein Landwirt ein derart humpelndes, kriechendes, sich vorwärts quälendes Tier «übersieht»?
Das Bild dieses Schweins ging mir nicht aus dem Kopf, tagelang, und ich schrieb den Veterinär an, ob er mir ein Interview geben könne, zu diesem Beispiel oder beliebigen anderen aus seinem Alltag. Gerne auch anonym. Drei Wochen erhielt ich keine Antwort, dann schrieb er zurück – höflich, aber ablehnend. Der

Bericht sei eigentlich nur für ein Fachpublikum gedacht gewesen.
Ich nehme an, dass er seinen Vorgesetzten gefragt hatte. Dass man befürchtete, es könnte zu viel «Wirbel» geben. Möglicherweise hatte dieser Tierarzt bereits etwas «gewagt», als er den Appell an seine Kollegen richtete; noch mehr wagen durfte er nicht. Ein Amtstierarzt hat schließlich den Umwandlungsprozess des Tiers zur Ware Fleisch zu begleiten. Aus dieser Rolle auszuscheren, erlaubt man dem «berufenen Beschützer» nicht.

PFERDEFLEISCHSKANDAL

Da schlagen die Verbraucher entsetzt die Hände vor den Mund wie hysterische Cheerleader in amerikanischen Filmen: Pferd? In meinem Essen könnte Pferd sein?
Ja, warum denn nicht! Schweine und Kühe essen die Leute doch auch. Tatsächlich *verlangen* sie ja, dass in diesem Essen, das derzeit aus den Regalen genommen wird, doch bitte lieber Kuh oder Schwein sein möge. Oder Huhn. Aber bitte kein Wellensittich!
Auch bei Pferden sind wir an sich nicht zimperlich. Reit- und Turnierpferde werden geschunden, ohne Rücksicht auf Genick- und Rückenschmerzen dressiert, bisweilen zu Tode geritten; wenn sie nicht mehr genug leisten, erhalten die wenigsten ihr

Gnadenbrot, die meisten einfach den Bolzenschuss. – Aber in *meinen* Hamburger, in mein Fertigessen kommen *die* nicht!
Da legen Leute einen Euro für eine Wurst oder Frikadelle hin – zerkleinertes Fleisch oft unklarer Qualität. Sie interessieren sich nicht dafür, wann die zerkleinerten Tiere starben, wo diese Tiere starben, wie diese Tiere lebten und starben. Ungeachtet all dieses Desinteresses bestehen sie aber darauf, die Tier*art* zu wissen. Warum?
Wenn der Hamburger zum Beispiel wirklich von einem Schwein stammt, stand dessen Mutter die Hälfte ihres Lebens in einem Käfig aus Metallgittern, in dem sie sich nicht mal um die eigene Achse drehen konnte. Zehn Prozent ihrer Ferkel werden in den ersten drei Lebenswochen sterben, das ist bereits einkalkuliert. Dann nimmt man der Mutter die Ferkel weg. Erneut wird sie mit Hormonspritzen und künstlichem Eberduft empfängnisbereit gemacht. Künstlich besamt. Fünf bis sieben Tage, nachdem man ihr die einen Ferkel weggenommen hat, fängt sie an, die nächsten auszutragen.
Da geht es zu wie am Fließband. Das ist kein Leben, das ist Produktion. Das ist Industrie mit Tieren. Man nennt es Massentierhaltung.
Niemand mag Massentierhaltung. Alle schimpfen über Massentierhaltung, als sei sie eine Art fremdgalaktischer Bösewicht wie Darth Vader. Es handelt sich aber nicht um Darth Vader, sondern um die übliche Quelle heutiger Nahrung tierischen Ursprungs in den Industrieländern! Unser Fleisch, die Milch, die Eier – sie werden nun mal in Massentierhaltung hergestellt, denn wir sind massenhaft Leute, die sich alle einbilden, massenhaft Fleisch, Eier und Milch essen zu müssen und zu dürfen.
Dürfen wir das wirklich? Selbst ohne die Massentierhaltung, selbst wenn es um wirklich glückliche Tiere ginge, denke ich:

Wir werden auch anders satt und dürfen Tiere nicht ohne Not töten. Ein glückliches Tier will nämlich leben, und es hat auch das Recht auf sein Leben. Es will und sollte nicht in Transporter getrieben und stundenlang über Land gefahren und dann am Fließband geschlachtet werden.

Aber es macht den Konsumenten ja anscheinend nichts aus, dass den Hühnern beim Einfangen oft die Flügel gebrochen und Puten hilflos flatternd in die Transporter gestopft werden. Dass pro Jahr 500 000 Schweine unzureichend «abgestochen» werden, im kochend heißen Brühbad wieder zu Bewusstsein kommen, um ihr Leben kämpfen und ertrinken. Nein, das lässt sich mit dem Gewissen vereinbaren. Und plötzlich ist einem unwohl, weil es doch nicht ertränktes Schwein, sondern Pferd war? Liebe Verbraucher, jetzt werdet nicht plötzlich zimperlich!

KNOBELSPASS MIT MYSTERY MEAT

Dioxin-Eier, Listerien im Käse und wer weiß welches Huftier im Gammelfleisch … Schon wieder mussten 50 000 Tonnen Fleisch weggeworfen werden, man weiß nicht von welchen Tieren. Langsam wird «Fleischskandal» zu einer eigenen Nachrichtenrubrik – bin ich die Einzige, die da langsam den Überblick verliert? Bin ich die Einzige, die als alter Krimi-Fan immer noch gedanklich bei jenem Mystery Meat festhängt, das vor einiger Zeit in einem Londoner Lamm-Curry gefunden wurde?

Mystery Meat ist ein fantastischer Ausdruck. Die britischen Zeitungen schrieben, man wisse nicht, um was für Fleisch es sich handele, aber Schaf, Ziege, Rind, Schwein, Huhn oder Pferd seien jedenfalls nicht drin. Soweit ich weiß, steht die Auflösung, welche Tierart es war, noch aus. Ist es normal, dass Lebensmittel heutzutage per DNA-Test untersucht werden? Was aber, wenn es Alien ist?
Man knobelt ja gern. Zunächst hatte ich daher irrtümlich gedacht, dass das Mystery Meat vermutlich jenes Fleisch spanischer Hunde sei, von dem nochmals einige Wochen zuvor ein schottischer EU-Abgeordneter gesprochen hatte. Inzwischen aber scheint es mir wahrscheinlicher, dass das die Hunde waren, die man später in niederländischen Hackbällchen, aber auch in europaweit vertriebenem Hundefutter fand.
Die Hundebesitzer schüttelte es daraufhin, nicht nur bei der Vorstellung, dass Hund in ihrem eigenen Curry (oder in ihrer Pferdefleischlasagne) sein könnte, sondern auch bei dem Gedanken, Hund sei im Hundefutter. Hund vorm Napf und Hund im Napf. Interessante philosophische Fragen schließen sich an: Kann man von Kannibalismus sprechen, wenn jemand nicht die Liste der Inhaltsstoffe lesen und einen DNA-Test nicht kognitiv erfassen kann? Sprich: Kann man als Hund überhaupt – rein konzeptionell sozusagen – Kannibale sein? Ist es kannibalischer, wenn der Hund Hund isst, als wenn der Mensch Lamm oder Kaninchen isst, wo er doch beide so niedlich findet und schon mit Plüschtieren dieser Spezies gekuschelt hat?
Aber halt! Ich will hier nicht auf das Fleischessen an sich zu sprechen kommen. Uns Veganern wird ja sowieso vorgeworfen, dass wir «missionieren». Pah! Haben etwa wir das Genre «Fleischkrimi» erfunden? Jedenfalls: Stellen wir uns vor, da sei Hund im Hundefutter. Finde ich tatsächlich ekelhaft, auch wenn ich's nicht restlos rational erklären kann.

Allerdings habe ich seit einiger Zeit eine Schweinezuchtzeitschrift abonniert und darin einen Artikel über verbessertes Ferkelfutter gelesen: «Neues Proteinfutter getestet. Hydrolisierte Proteine aus der Darmschleimhaut von Schweinen lassen Ferkel besser wachsen.» Obwohl das Darmscheimhaut-angereicherte Futter teurer ist, ergab sich «unterm Strich ein Vorteil von 11 Cent je Ferkel».

Schwein im Schwein, das nennt man Fortschritt. Hund im Hund gilt allerdings nicht als Fortschritt. Der entscheidende Unterschied ist wohl der, dass die ehrwürdige Speise Wurst ja im Grunde nichts anderes ist, nur umgedreht: also Ferkel im Darm, nicht: Darm im Ferkel.

Während der vorigen Runde des Pferdefleischskandals – also Anfang 2013, bei dem Skandal mit der Lasagne – traf ich eine Freundin im Supermarkt am Eierregal. Dort gibt es Super-Duper-Bioeier, solche, wo die Hühner glücklich herumlaufen, auf grünen Wiesen unter blauem Himmel …

«Das glaub ich auch erst, wenn ich's selbst gesehen habe», sagte ich. – Meine obsessive Beschäftigung mit dem Veganismus mache mich misstrauisch, sagte sie. – Um uns herum tobten fünf Fleischskandale, jeder im Supermarkt wusste, dass die Spezies-Angabe auf der Wurstverpackung nur ein Anhaltspunkt, mehr so eine Geschmacksrichtung war – aber mich machte sie misstrauisch! Ich sagte, ich sei gar nicht misstrauisch, nur hätte ich kürzlich eine TV-Reportage über Super-Duper-Biohühner gesehen.

Übrigens wurde ab Juni 2013 wieder der Einsatz von Fleischmehl bei der Fischfütterung erlaubt; die Verfütterung von Schweineresten an Hühner wird diskutiert. Manche Leute finden auch das ekelhaft. Sie selbst essen Nuggets – wo, seien wir ehrlich, alles drin sein könnte, jede Tierart dieses oder auch eines anderen Planeten – und die Hühner sollen nicht einmal Schweinereste kriegen? Reiner Egoismus ist das.

EIN EI FÜR PRINZ LUI

Gestern war ich zu Besuch in einer anderen Welt. Nämlich auf Hof Butenland in der Nähe der Nordsee. Der Hof wird von Karin Mück und ihrem Partner Jan geführt; sie beherbergen fünfunddreißig teils alte und kranke Kühe. Doch den Begriff Gnadenhof mögen sie nicht, sie sagen Lebenshof oder Kuhaltersheim.

Es war Abend, als ich mit dem Auto ankam. Das Wohnhaus und mehrere Stallgebäude lagen im Dunkeln, nur in den offenen Ställen der Kühe war noch Licht. Imposant ragten die großen schwarz-weiß gefleckten Leiber aus der Dunkelheit hervor. Ich fühlte mich ein bisschen wie ein Eindringling, als würde ich uneingeladen in eine Abendparty hineinplatzen … Gewiss, die anderen Gäste waren weder in aufgekratzter Stimmung noch besonders redselig, sondern eher ruhigeren Gemüts. Man stand halt und fraß, oder man lag herum und malmte. Kühe schlafen übrigens nur eine halbe Stunde pro Tag.

Im Slalom führte mich Karin Mück zwischen den diversen Persönlichkeiten hindurch. Hier traf ich Kalb Matthis, das zwar mit seiner (biologischen) Mutter auf Hof Butenland lebt und auch mehrmals täglich bei ihr trinkt, für die Geselligkeit aber eine zweite (Adoptiv-)Mutter gesucht und gefunden hat, in der alten Kuh Gisela. Dort stand Ochse Samuel, der sein erstes Lebensjahr ohne Artgenossen in einem Käfig in einer Garage gehalten wurde und sich heute noch bewegt «wie ein Roboter». An Kuh Manuela hatte eine Universität vier Jahre lang Futtersorten getestet und ihr dafür eine Öffnung in den Pansen operiert; ein Rest der Öffnung ist geblieben, und wenn Manuela verdaut, pfeift es aus einem Loch an ihrer linken Seite.

Doch ich will gar nicht so sehr das traurige Vorleben der Tiere

breittreten, sondern lieber erzählen, wie friedlich und genüsslich es sich heute auf Hof Butenland lebt. In einem Nebenraum des Kuhstalls sind zwei Bürsten angebracht, die entfernt an eine Autowaschanlage erinnern. Die Kühe können sich daran lehnen, dann setzen sich die Bürsten in Bewegung und schubbern den Tieren den Rücken.

«Aber wie klären die, wer als nächstes dran ist?», frage ich.

«Die stehen Schlange.»

«Werden da nicht welche ungeduldig?»

«Nö», antwortet Karin. «Die Lotti zum Beispiel braucht immer eine halbe Stunde, die andern warten.»

Und auf Hof Butenland leben nicht nur Kühe, sondern auch Katzen und Hunde, Schweine, Kaninchen, Gänse und Hühner. Am Ende unseres Rundgangs durch den Kuhstall ging Karin zu einem großen Heuhaufen und begann, sich energisch durchzuwühlen wie durch eine Schneewehe. Ziemlich weit unten tauchte ein rosafarbenes Etwas auf, das Etwas hatte Borsten, und es hob und senkte sich im Rhythmus eines Atems. Es war der Rücken von Prinz Lui, einem Eber, der aus Gründen, die nur er kennt, beschlossen hat, nicht mehr im Schweinestall zu wohnen, sondern eben hier in dem Heuhaufen, in den er sich jeden Abend komplett eingräbt. Dass zwischendurch ein Mensch vorbeikommt, ihn freischaufelt und ihm den Rücken tätschelt, bringt ihn nicht aus der verdienten Nachtruhe.

Ich war nach Hof Butenland gefahren, weil meine Hühner ein neues Zuhause brauchten, nachdem der Habicht mehrmals in meinem Garten auf Jagd gewesen war. Karin und Jan hatten mir angeboten, meine Hühner in ihre Schar einzugliedern; im Dunkeln setzten wir sie nun auf die Stangen im Geflügelstall. Aus dem Schlaf gerissen, schnatterten ein paar Enten und Gänse. Nicht ganz leicht fiel mir der Abschied von meiner Lieblingshenne Fave, die immer einige höchst ungewöhnliche Eigenarten

an den Tag gelegt hatte. Zum Beispiel konnte man sie auf dem angewinkelten Arm tragen wie eine Handtasche, und manchmal schlief sie dabei sogar ein. Anderen Hühnern gegenüber verhielt sie sich anfangs so scheu und ungeschickt, dass ich sie über Monate hinweg an deren Gesellschaft hatte gewöhnen müssen. Wie würde sich Fave nun schlagen, in dieser so lebendigen und artenreichen Umgebung?
Eine Woche später fasste ich mir ein Herz und fragte Karin per E-Mail, wie es meinen Hühnern denn nun ergehe. Karin schrieb zurück, sie hätten sich bestens eingelebt, einige von ihnen spazierten regelmäßig zu den Kühen und über sie hinweg und pickten ihnen im Fell herum. Und Fave ... «Fave ist ein supersüßes, dennoch knallverrücktes Huhn. Sie liebt Prinz Lui, der ja in den Heuhaufen im Kuhstall gezogen ist. Da liegt er nun den ganzen Tag in seinem Heubett, das Favechen daneben. Gestern legte sie ihm ein Ei vor den Rüssel.» Und ich verstand, in dieser anderen Welt war alles möglich.

TIERE AUF DER FAHRBAHN

Zig Mal schon habe ich es in den Verkehrsnachrichten im Radio gehört: «Tiere auf der Fahrbahn». Jetzt habe ich versucht herauszufinden, was das bedeutet. Doch ich muss den Leser warnen, dass sich meine Recherche umständlich, verworren und extrem zahlenlastig gestaltet hat. Entlaufene Hunde oder Pferde, ein Rudel Rehe auf oder Wildschweine in der Nähe

einer Fahrbahn; die unfreiwilligen Insassen eines Tiertransporters, die nach dem Umkippen oder Brennen desselben über die Autobahn laufen oder flattern – «Tiere auf der Fahrbahn» kann alles bedeuten. Verrückterweise gibt es dazu keine richtigen Zahlen. Unsere Verkehrsregler interessieren sich nämlich nicht für die Tiere selbst, sondern nur für deren Funktion als Verursacher von Personen- oder Sachschäden.

Am genauesten lassen sich die toten Rehe und Wildschweine abschätzen – weil die Interessen der Jäger dadurch berührt sind. Der Deutsche Jagdverband erfasst Unfälle mit «Rehwild», «Schwarzwild», «Damwild» und «Rotwild»; das «Fallwild» (es sind Tiere gemeint, die nicht bei der Jagd, sondern auf andere Art zu Schaden gekommen sind) beläuft sich auf rund 250 000 im Jahr. Das passt zu den Zahlen, die der Gesamtverband der deutschen Versicherungswirtschaft errechnet hat: Etwa 240 000 Wildunfälle wurden 2010 gemeldet. Diese Zahl umfasst allerdings, siehe oben, nur verletzte Menschen und Autos, denn gemeldet wurden diese Unfälle, weil ein versicherter Sachschaden entstand. Ungefähr 70 Prozent aller PKW haben eine Vollkasko- oder Teilkasko-Versicherung. Also sind die Wildunfälle von gut einem Drittel der Wagen hier wohl nicht enthalten, genauso wenig wie die mit geringen Sachschäden.

Vor diesem Hintergrund ist die Zahl 240 000 bereits alarmierend hoch, aber das ist noch nicht alles. In der Unfallstatistik gibt es außerdem die Rubrik der Personenschäden mit «anderen Tieren», die Mehrzahl davon innerhalb geschlossener Ortschaften. Ich will dem Leser meine Hoch- und Umrechnungen ersparen, doch zusammengefasst ergaben sie etwa halb so viele Unfälle mit «anderen Tieren», noch zusätzlich zu denen mit dem genannten Wild. Nehmen wir außerdem an: Die beteiligten Tiere haben, wenn schon Mensch und Auto stark verletzt waren, meist nicht überlebt. Kann es sein, dass wir jedes Jahr in Deutsch-

land eine halbe bis eine Million, wahrscheinlicher noch deutlich mehr als eine Million Tiere im Straßenverkehr überfahren? Und wir sprechen hier nur von (größeren) Tieren, für die Menschen üblicherweise bremsen; Frosch, Maus, Igel, Amsel und Habicht sind da noch gar nicht mitgerechnet.

Sprächen solche Zahlen nicht dafür, sämtliche Geschwindigkeiten, auch in Ortschaften, herabzusetzen, die Ränder von Landstraßen und Autobahnen besser zu sichern und viel mehr Wild- oder Grünbrücken zu bauen, als es bisher gibt? Der BUND und der ADAC fordern das. (Jedenfalls die Grünbrücken. Strengere Tempolimits fordert der ADAC bekanntlich nicht.)

Einmal dabei, wollte ich endlich auch die Sache mit den umgekippten Tiertransportern in Erfahrung bringen. Das Internet ist voll davon. Umgestürzte Kälbertransporter und Rinder, die Autobahnsperren durchbrechen; schwer verletzte Schweine, die von Polizisten mit der Dienstwaffe erschossen wurden; zigtausende Hühner, die im LKW verbrannten, andere liefen auf der Fahrbahn herum. Auch hier gibt es keine Zahlen, wie oft so etwas geschieht. Die Statistiken erfassen allein verunglückte LKWs generell. Ob Tiere involviert waren, wird nicht vermerkt; Schweine, Rinder und Hühner sind schließlich kein «Wild».

Ein norddeutscher Polizeioberkommissar, der regelmäßig Tiertransporter kontrolliert (und dabei fast die Hälfte beanstanden muss), hat einmal einen Unfall mit Schweinen erlebt. Dem Transporter platzte ein Reifen, er kam von der Straße ab, hundertachtzig Schweine entkamen. «Es war ein gruseliges Szenario», sagt der Polizist. Feuerwehr und Veterinärin wurden gerufen. Hundertdreißig Schweine «mussten» an Ort und Stelle eingeschläfert werden.

Ich fragte, ob sie so schwer verletzt gewesen waren. Nein, das nicht; aber sie hatten großen Stress, wegen des Adrenalins ließ

sich das Fleisch nicht mehr verzehren. Die Tierärztin gab einem nach dem anderen eine Spritze, dann wurden sie von der Feuerwehr beiseite geräumt und vom Abdecker geholt.

Übrigens sind Schweine sehr empfindlich bei Schwankungen und Bewegungen während des Transports, anders gesagt: Sie werden leicht reisekrank. In der veterinärwissenschaftlichen Literatur wird sogar berichtet, dass sich Schweine vor Übelkeit beim Transport übergeben können. «Warum liest man eigentlich so oft von umgekippten Schweinetransportern?», fragte ich jemanden, der selbst gelegentlich einen Tiertransporter fährt. «Weil die dreistöckig beladen werden. Die schwanken ziemlich», sagte er. Und das mit den empfindlichen Schweinen …

Kürzlich wurde gemeldet, dass wieder einmal eine Kuh aus einem Transporter entkam. Mit ihrem Kälbchen. Ein entzückendes Bild, wie die beiden von der Fahrbahn eilten … Auf dem nächsten Bild war die flüchtige Mutter niedergestreckt, mit sage und schreibe siebzig Schüssen. «Aus Dienstwaffen», hieß es.

Tiere auf der Fahrbahn? Immerhin ein Ergebnis lässt sich festhalten: Ob sie ihn zunächst überleben oder nicht, ein Verkehrsunfall bedeutet für die beteiligten Tiere immer den baldigen Tod.

DER BERUF DER SCHWEINE

Die Fleischerei ist ein fröhlicher Beruf. Als Laie macht man sich da oft falsche Vorstellungen. Man denkt, dass ein Fleischer bis über beide Ellenbogen in den Kampf mit der Kreatur versenkt sei. Doch bildliche Darstellungen aus diesem Berufsstand beweisen: Tatsächlich bedeutet Fleischerei: Party, Lachen und Sonnenschein! Da tanzen die Messer, da sprudelt lustig der Fluss des Lebens, da tragen Schweine von nah und fern ihre Koteletts und Würste herbei. Das Schwein – hier verführte der Biologie-Unterricht schon viele zu Irrtümern – das Schwein besteht nämlich im Grunde aus Koteletts und Würsten. Der Fleischer befreit diese Koteletts und Würste aus dem Schwein und führt sie ihrer wahren Bestimmung zu. Nicht umsonst spricht man vom «Schlachtkörper».

«Gegessen zu werden ist der Beruf der Schweine», sagte einmal ein Metzger. Wie sehr er untertrieb. Nicht Beruf, sondern Berufung! Seine größte Erfüllung aber erfährt das Schwein, wenn es uns an der Fleischtheke seine besten Teile empfehlen oder sich gar selbst servieren darf. Man schaue nur, wie exquisit sich diese Kerlchen dann anziehen. Sie trippeln heran, mit Schürze und Mütze, blendend weiß und frisch gestärkt: Sieht das nicht famos aus auf der rosa Haut?

Ich habe die Psychologie des Schweins sogar selbst in der Praxis erforscht. Seitdem ich ein Foto des britischen Autors Alan Bennett mit seinem Hauschwein gesehen habe, war ich von dem Wunsch beseelt, einmal ein Schwein spazieren zu führen. Auf einem Gnadenhof in der Nähe der Nordsee fand ich ein Exemplar, das tauglich schien. Mit der Einschränkung freilich, dass es dort in maßloser Freiheit lebt und von Tierschützern verzogen wird. Es heißt Prinz Lui. Die Bäuerin respektive Hofdame emp-

fahl mir, eine Ananas mitzubringen, das werde ihren Prinzen vor dem Spaziergang gnädig stimmen. Gnädig, na ja. Das Tier zerstörte die Ananas freudig grunzend, legte den Strunk zur Seite und schleckte den Saft auf. Danach ließ es sich in der Tat herab, von uns auf einem Spaziergang in Richtung Meer begleitet zu werden.

Ich sage «Richtung». Ein elegantes Promenieren an der Nordsee, mit Schlachtkörper, war meine Vorstellung gewesen. Prinz Lui hingegen zog es (und mich) in ein kleines Wäldchen mitsamt Matschgrube. Deren Inhalt wurde gründlich mit Rüssel und Vorderfüßen geprüft, bevor das Schwein seinen Luxusleib unter behaglichem Geräkel tief in den nach Fäulnis duftenden Matsch versenkte. Oh arme Ananas, dachte ich. Aber du musst es ja nicht mehr miterleben.

Dem Schwein hingegen drohen noch zehn, zwanzig Jahre unbeeinträchtigter Lebenszeit. Kurz vor unserem Abschied – von seiner Erdkruste geschützt, faulenzte Prinz Lui in der Nachmittagsonne – wagte ich, die Sprache darauf zu bringen. «Lui», sagte ich.

«Prinz», korrigierte er mich.

«Also Prinz Lui. Ist es für Eure Hoheit nicht sehr betrüblich, den Weg allen Fleisches gehen zu müssen wie wir Menschen? Staub zu Staub, keine blitzenden Messer und Würste, einfach nur der banale Tod?»

«Ja, ich werde wohl auf mein natürliches Ende warten müssen», seufzte das Schwein. «Nie dürfen meine Koteletts und Würste das Glück von Pfanne und Grill erleben. Aber was soll ich machen? Wir müssen uns fügen in das, was der erhabene Schweinevater über den Wolken uns zugedacht hat. – Hast du noch was zu futtern?»

Ich hatte noch und gab es ihm, mühsam meine Tränen unterdrückend. Gern hätte ich jetzt ein Messer zur Hand genommen und

dem mampfenden Prinzen den Gnadenstoß gegeben. Ich gestehe, mir fehlte die Traute, und so überließ ich das Tier seinem Schicksal voll Sonne, Matsch und Ananas.

SOMMER

FROSCHGEBRÜLL UND TIEFFLUGGETÖSE

Oh Wald, deine Frösche! Sicher, es sind possierliche Tiere. Ich freue mich stets, wenn ich einen davon springen sehe, und sobald der Sommer beginnt, amüsieren mich ihre eigentümlichen Laute.

Doch je mehr Sommernächte ins Land gehen, desto häufiger frage ich mich, ob die Botschaft nicht hinreichend verdeutlicht wurde. Zwangsläufig stellt man Grundsatzüberlegungen an bezüglich der Proportionen: Große Tiere, laute Geräusche. Kleines Tier – noch lautere? Hätte die Natur es nicht so einrichten können, dass diese Tiere zum Ausgleich für ihren offenbar wahnsinnig wirkungsvollen Resonanzkörper auch ein gewisses Ermüdungspotenzial besitzen? Andererseits: Tagsüber ruhen sie sich ja prächtig aus. Da ahnt man noch nichts.

Ahnungslos sind auch die Städter, wenn sie zu Besuch kommen und die Ruhe des Landlebens loben. Sie steigen aus dem Auto, strecken sich, nehmen ein paar Züge würziger Landluft und sagen: «Wunderbar still ist das hier draußen!»

Still? Auch wenn die Frösche nicht gerade quaken, finde ich doch nicht, dass «stil» das passende Adjektiv ist. Was fehlt, sind die kontinuierlichen Geräusche des Verkehrs auf den Straßen, grölende Betrunkene und rumpelnde Müllwagen. Dafür, morgens um vier, ein paar Wildgänse im Tiefflug. Ich weiß nicht, warum sie vom Wald zum See unbedingt die Strecke an meinem

Schlafzimmerfenster vorbei nehmen müssen, aber ich höre es und falle fast aus dem Bett, denn sie schreien und keifen um die Wette. Ich schlafe wieder ein. Zehn Minuten später fliegen sie zurück, der See hat ihnen anscheinend nicht gefallen, jedenfalls hat er ihre Gemüter nicht besänftigt, sie sind kein bisschen leiser. Ich döse wieder weg. Weitere zehn Minuten später: Sie wollen es noch mal am See versuchen. Jetzt hab ich noch drei Stunden, bevor meine eigenen Gänse aufwachen und den Tag mit ihren Posaunenklängen begrüßen.

In diesem Mai hatte die Eiche gegenüber Besuch von einem, tja, offenbar Anfängerkuckuck. Das heißt, er übte die berühmte Tonfolge immer nur ein paar Mal, dann schien er sich an der eigenen Stimme zu verschlucken, verstummte kurz und setzte in einer anderen Tonart wieder an. Aber die kleine Terz gefiel ihm nicht. Vielleicht doch mal eine große Terz versuchen? Oder einfach irgendeinen Laut dazwischen? Bis er wieder in die gewohnten Harmonien westeuropäischer Tonleitern zurückgefunden hatte, wurden meine Ohren fast wahnsinnig.

Noch lauter ist abends das Gebell (die «Schrecklaute») der Rehe – die Besucher aus der Stadt halten sie zunächst für im Wald herumirrende Hunde. Sie staunen, wenn sie erfahren, dass Bambis anmutige Verwandte solch wenig holde Töne ausstoßen können. Später, wenn es dunkler wird, beginnt der Waldkauz zu rufen. So nah, so ausdauernd und so wehmütig, dass ich hinausgeh, um zu schauen, ob es nicht doch ein Kätzchen ist, das sich in einem Baum verklettert hat.

Wenn man zu dieser Uhrzeit noch ein paar Schritte weiter in den Wald oder zum See tut, muss man damit rechnen, Tiere zu stören. Von der Oberfläche des Teichs erhebt sich ein Dutzend Enten, aufgeregt schnatternd wie eine Schulklasse. Im Wald hört man verschiedene Arten von Geraschel. Tief am Boden, mit Pausen dazwischen: ein Igel. Entfernt, in langen Sätzen

flüchtend: vermutlich ein Reh. Kontinuierlicher, etwa wie jemand in Eile: Wildschweine.

Jetzt, endlich, gehört der Wald den Tieren. Als Mensch ist man nur noch Gast darin, und ein von der Natur dafür schlecht gerüsteter Gast. Fern von allen Straßenlaternen der Städte leuchtet nur der Mond, und wenn er nicht voll ist, ist der Wald tiefschwarz. Einer kleinen Mutprobe kommt es gleich, ohne Taschenlampe hineinzugehen, das Rascheln zu hören. Jetzt verstummt es. Und man weiß: Sie sehen dich, du siehst sie nicht. Eine Erfahrung, die wir Menschen selten machen.

Manche Spaziergänger haben Angst vor Wildschweinen, vor allem solchen mit Nachwuchs. Man sollte sie nicht provozieren. Doch dass ein aufgeschrecktes Wildschwein einen Menschen anfällt, kommt weit seltener vor, als dass ein Jäger auf einen Spaziergänger schießt (von Schüssen auf Wildschweine ganz zu schweigen).

Nein, wir sind sicher hier, im nächtlichen Wald. Wehrlos, orientierungslos, blind, aber sicher. Der Igel scheint all das zu ahnen. Nach einer kleinen Pause fährt er fort, im Laub zu wühlen. Der Kauz ruft weiter. Ein Ast knackt unter unbekannten Füßen, Klauen oder Hufen. Es kommt einem vor wie das Lauteste, was man je gehört hat.

MEHR RESPEKT BITTE, LIEBE WILDSAU!

In der letzten Geschichte hatte ich sie bereits kurz erwähnt; und als ob es sie nach einem längeren Auftritt verlangte, traten sie kurz nach meinem nächtlichen Besuch im Wald persönlich in Erscheinung: Wildsauen mit Nachwuchs. Im Grunde sind es entzückende Tiere. Gut, die erwachsenen Tiere vielleicht weniger, ihre behaarten Ohren und Rüssel erinnern an den Räuber Hotzenplotz. Dafür sind die Frischlinge süße karamellfarbene Tierchen mit weißen Streifen, so akkurat, als hätten ihre Mütter sie eigenpfötig bepinselt.

Kurz vor der Dämmerung tummelten sich also vier Erwachsene und acht Junge auf der Weide der Schafe. Ich bemerkte sie eigentlich nur, weil die Schafe von ihrem Stall aus sämtlich in dieselbe Richtung schauten wie Fußballfans beim Public Viewing. Ihren Blicken folgend, sah ich mehrere dunkle Leiber – keine fünfzig Meter von meiner Terrasse entfernt! «Schweine!», rief ich aufgebracht, «weg da, ihr Schweine!» Denn wo Schweine wühlen, wächst kein Gras mehr. Das Gras aber wird von den Schafen als Nahrung gebraucht.

Die Wildschweine zeigten keine Reaktion. Ich musste schon deutlich näher kommen und tüchtig mit den Händen klatschen und fuchteln, bis sich die Sauen in Bewegung setzten, gefolgt von den Frischlingen, brav hintereinander wie Perlen an einer Schnur.

Die Rede von der Wildschweinplage kommt einem in den Sinn. Egal ob Städter oder Landbewohner, jeder Zeitungleser hat schon davon gehört. Wildschweine wühlen in Mülltonnen und verwüsten Gärten … vermehren sich unkontrolliert … durchschwammen vor ein paar Jahren während einer Jagd doch tatsächlich unseren schönen Dorfteich! Vor dieser Wild-

schweinplage retten uns hoffentlich die Jäger, sagt man gemeinhin, aber ich bin skeptisch. Es ist nämlich so, dass die Jäger die Wildschweine nicht nur jagen, sondern auch füttern. Wer in unserer Gegend im Wald spazieren geht, wird immer wieder auf kleine Lichtungen stoßen, in denen im Herbst und Winter tonnenweise Futterrüben abgeladen sind. Drumherum Hochsitze.

«Kirrplätze» heißt so etwas offiziell, aber Kirren (also etwa: Anlocken des Wildes) ist laut Niedersächsischem Jagdgesetz «nur in geringen Mengen» erlaubt und richtiggehendes Füttern sowieso nur im Winter. So heißt es in Paragraph 33 des Niedersächsischen Jagdgesetzes: «(1) Wenn Wild Not leidet (Notzeit), ist für seine ausreichende artgerechte Ernährung zu sorgen. … (2) In der Zeit vom 1. Januar bis 30. April darf Wild auch außerhalb von Notzeiten mit artgerechtem Futter gefüttert werden.»

Beim unbewaffneten Waldanwohner lässt solches Jagdrecht Fragen offen. Warum man notleidendem Wild Futter zukommen lassen soll, es in späteren Monaten aber durch den Wald hetzt und schießt, entzieht sich der nicht-jägerischen Logik. Insbesondere, wenn es um die Bekämpfung einer Plage geht, kommt der Winter doch gerade recht – möchte man meinen. Zumal ich kürzlich in einem verhaltensbiologischen Werk gelesen habe, dass Wildschweine ihre Geburtenzahl hervorragend regulieren können: Je nach Futterlage und Witterung bekommen sie ein oder zwei Mal im Jahr jeweils ein bis neun Frischlinge. Die Schweine würden bei geringerem Nahrungsangebot also nicht mal verhungern, sondern es würden einfach weniger geboren.

Doch der Wortlaut des Gesetzes zum Kirren und Füttern wird ohnehin nicht übertrieben ernst genommen. Noch im Spätsommer, nach der Erntezeit, sehe ich Landwirte (die zufälligerweise auch Jäger sind) mit großen Anhängern in den Wald fahren, weil

sie noch Rüben «übrig haben». Liebenswürdigerweise lassen sie diesen Überschuss den Wildschweinen zugutekommen. Damit die sich dann prächtig vermehren und frohgemut Äcker und Weide verwüsten. So dass dieselben Landwirte erneut in Klagen verfallen, dass Wildschweine zur regelrechten Plage geworden sind, und gleichsam zur Verteidigung ihrer Lebensgrundlagen das Gewehr aus dem Schrank nehmen müssen.

Dass ich hingegen kein Gewehr im Schrank habe, haben die Wildschweine möglicherweise aus meinen Texten geschlossen. Dies vermutete zumindest eine Nachbarin und erklärte so das unbekümmerte Tummeln auf meiner Weide. Daher trete ich nun abends und gelegentlich auch nach Sonnenuntergang auf die Terrasse, leuchte mit einer Taschenlampe in Richtung Dickicht und rufe den Schweinen zu, dass sie auf der Schafsweide nicht willkommen sind. Dabei bemühe ich mich um einen so bedrohlichen Tonfall wie möglich.

Bloß: Weil das gegenüberliegende Dickicht total undurchdringlich ist, sehe ich nicht mal, ob da überhaupt Schweine sind, zu denen ich spreche. Schleichen sie sich vielleicht erst an, wenn ich schlafe? Falls sie dies hier nun lesen, wäre es jedenfalls schön, wenn sie meinen Auftritten etwas Respekt entgegenbringen könnten, nur ein ganz klein wenig.

Abschließend noch eine Spezialbotschaft für jenes Schwein, das beim letzten Vollmond direkt vor meinem Schlafzimmerfenster den Boden umwühlte. Ja, gewiss, es ist weggelaufen, als ich mich aus dem Fenster lehnte. Und versteckte sich hinter den Binsen. Aber genau das ist es, was ich zu bedenken geben wollte: dass ein sehr großes Schwein von einem mittelgroßen Binsenbüschel eben nicht vollständig verdeckt wird. Hinten sah ich Schweinepo und vorne Schweinerüssel herausragen. Und über den Binsen insgesamt erhob sich ein halbrunder dunkler Rücken.

Nur so als Info, denn manch andere Menschen haben ja leider durchaus eine Flinte. Aber die Pinsel an den Ohren sahen im Mondlicht enorm dekorativ aus – eine beeindruckende Silhouette, das muss ich schon sagen.

KÄNGURUS IN DER LÜNEBURGER HEIDE

In jüngster Zeit waren in der Lüneburger Heide überdurchschnittlich viele Kängurus unterwegs. Bereits Mitte Mai flohen zwei kleine Kängurus namens Wickie und Urmel aus dem Serengeti-Zoo und wurden erst drei respektive vier Wochen später wieder eingefangen. (Und zwar musste für die kleine Urmel extra eine Falle gebastelt werden, in die man sie mit dem Duft ihres Partners Wickie lockte.) Anfang Juni versuchte es ein männliches Känguru im Landkreis Schaumburg; der Besitzer hat es immer noch nicht wieder eingefangen. Mitte Juni gastierte der Zirkus Charles Knie in Lüneburg; dort sollen zwei Gäste ein Rotes Riesenkänguru in seinem Gehege provoziert haben. Es entkam, gelangte durch den Kurpark auf den Schulhof einer Lüneburger Grundschule und wurde dort wieder eingefangen. Ein solches Känguru kann bis zu neun Meter weit springen; das männliche Tier besitzt eine Halsdrüse, die bei Stress ein rotes Sekret absondert. Die Kinder der Schule waren in Panik, teils weil das Tier so groß war, teils weil sie dachten, es blute.

In der Presse lasen sich all diese Dinge dann recht niedlich. Kängurus waren «ausgebüxt», statteten Schülern «einen Besuch» ab, «drehten ein paar Runden durch den Kurpark», hatten sich «auf die Socken gemacht», machten einen «Ausflug» oder eine «Stadttour durch Lüneburg». «Norbert ist ziemlich neugierig und hat die Situation gern für sich genutzt», sagte der Zirkussprecher. Ich selbst habe oben geschrieben, sie seien «unterwegs» gewesen. Wir sind vollkommen daran gewöhnt, furchtbare Dinge zu verniedlichen, ja, zu verharmlosen, wenn sie einem Tier geschehen. Erst auf einem Umweg über menschliche Katastrophen finden sich andere, passendere Verben – und mal ernsthaft: ein unfreies Tier zu sein, den Ausbruch zu versuchen und wieder in die Gefangenschaft zurückkehren zu müssen, das ist für das betreffende Individuum eine Katastrophe.

Vergegenwärtigen wir uns, wie man es formulieren würde, wenn es menschliche Gefangene wären. Nehmen wir an, man sollte den Plot eines Films wiedergeben, in dem unschuldig inhaftierte Gefängnisinsassen entkommen sind, oder irgendetwas, das zu den Zeiten der Sklaverei in Amerika spielt.

Würde ich schreiben: Sie drehten eine Runde in den Rocky Mountains? Sie tourten ein bisschen in den Great Plains, schauten kurz in der Kleinstadt XY vorbei? Nein, ich würde schreiben: Sie irrten durch Berge und Ebenen. Verirrten sich. Gerieten in eine Sackgasse. Konnten kurzfristig wieder entkommen. Wurden in die Enge getrieben. Wurden überwältigt (nicht: vom Besitzer eingefangen). Man hetzte sie, kesselte sie ein, umzingelte sie, stellte ihnen eine Falle (nicht: bastelte sie). Eventuell entkamen sie ihren Häschern. Man würde nicht schreiben: Sie entwischten drei Zirkusleuten. Norbert, dieser Schelm, da hat er die Situation doch tatsächlich «für sich genutzt» und mal ein paar Neun-Meter-Sprünge getan, statt brav im Zirkus über die Hürde zu hüpfen oder den Lüneburgern sein Heimatland

Australien zu präsentieren. Einfach den Nachmittag frei genommen – also diese frechen Gefangenen aber auch!
In einem erstaunlichen Büchlein, in einem amerikanischen Kleinstverlag erschienen und leider noch nicht ins Deutsche übersetzt, hat der Historiker Jason Hribal wahre Geschichten von flüchtenden und sich zur Wehr setzenden Tieren versammelt. Ich las dieses Buch zufällig gerade, als mich Bekannte anriefen, die den Ausbruch des unglückseligen Norbert miterlebt hatten. Geschichte widerfährt Tieren nicht nur, sagt Hribal, sie handeln auch selbst. Sie fliehen oder versuchen, sich für schlechte Behandlung zu rächen. Von Tigerin Tatiana wird berichtet, dass sie im Zoo von San Franciso 2007 ausbrach und gezielt nach denjenigen suchte, die sie kurz zuvor mit Gegenständen beworfen hatten. Alle anderen Menschen, an denen sie vorbeikam, ließ sie in Ruhe. Als die Zirkus-Elefantendame Janet 1992 ausbrach, ließ sie sich die auf ihr reitenden Kinder abnehmen, bevor sie ihre Peiniger verfolgte. Diese Tiere sind nicht rasend, nicht wild, nicht auf Abwegen, nicht irrtümlich entkommen. Sie lehnen sich auf gegen eine Behandlung und eine Unfreiheit, die sie nicht wollen. Anscheinend müssten wir Geschichte – oder bescheidener: Zeitungsartikel – anders schreiben. Denn wie jenes afrikanische Sprichwort besagt: Solange die Löwen keine eigenen Geschichtenerzähler haben, werden Jagdgeschichten den Ruhm der Jäger verbreiten.

DER VEREINZELTE FUNKE

Es gibt diese Momente, in denen Mitleid funktioniert. In denen es motiviert, Grenzen zu überschreiten, in denen Menschen nicht mehr sagen: Das ist nur ein Tier. Sondern in denen sie sich anrühren lassen und sehen: Auch das ist jemand, der sein Leben weiterleben will.

So auch im Falle jener hellbraunen bayerischen Kuh, die im vergangenen Winter im wahrsten Sinne des Wortes ihre Fesseln zerriss und dem Schlachter entrann. Das Bild dieser Kuh, die in ein zugeeistes Wasserbecken geriet und nicht wieder allein heraus kam, ging durch alle Medien. Etliche Menschen riefen bei Zeitungen und Behörden an, wollten helfen. Mühsam hievte die Feuerwehr das Tier heraus. Inzwischen lebt es auf einem Gnadenhof.

Auch im nordrhein-westfälischen Ort Lohfeld scheint sich gerade wieder solches Mitleid zu regen. Schon seit geraumer Zeit wird dort immer wieder eine Herde gesichtet, die teils aus Muffelwild, teils aus verwilderten Kamerunschafen besteht. Fröhlich taten sich die verwandten Spezies zusammen und vermehrten sich. Sie durchstreifen Wald und Felder und überqueren Straßen. Auch hiervon gibt es ein Foto: Da springen Kameruner und Mufflons über eine Landstraße, als gäbe es nichts Lustigeres, als mit der Familie einmal auf der anderen Seite nach etwas Fressbarem zu suchen.

Vermutlich gibt es tatsächlich nichts Lustigeres. Man traut es Schafen mit ihrer behäbigen Gangart meist nicht zu, aber auch sie können wie um die Wette rennen, sich im Scherz Kämpfe liefern und Fangen spielen. Wenn Schafe flüchten, machen sie oft so hohe, langgestreckte Sprünge, dass es aussieht, als würden die Tiere schweben. Aber wenn sie spielen, wenn sie aus reinem

Übermut springen, zum Beispiel am Abend eines grasgesättigten langen Sommertags, dann hüpfen sie aus dem Stand nach oben auf allen Vieren. Wie in einem Disney-Film, wie in einem Comic – man meint beinahe, die lautliche Untermalung «doing, doing, doing» zu hören, wenn man zusieht.

Besser kann ich es nicht beschreiben, und ich könnte es nicht einmal vormachen, denn man braucht vier Beine dazu. Auch meine Schafherde kam schon im großen Bogen auf mich zu gerast und gedoingt, der Hammel ganz vorne hob aufmunternd den Kopf – und ich Zweibeiner wusste nicht, wie mitspringen. Verwundert zog die Herde wieder ab.

Man möchte also nicht, dass solch muntere Tiere mit Autos kollidieren, man möchte auch nicht, dass ein Jäger das Gewehr auf sie ansetzt. Und darum mailen und telefonieren jetzt ganz viele Menschen herum, die sich bisher noch nie für ein Schaf interessiert haben, aber durch dieses eine Bild angerührt sind, und suchen einen Schäfer, der diese Herde aufnimmt. Am besten: ein Gnadenhof. Rettung auf Lebenszeit.

Es ist schön, wie sich diese Leute plötzlich sorgen. Gleichzeitig essen sie Lamm, das aus Neuseeland importiert wurde, und Wild aus der Jagd. Mit beidem haben sie anscheinend keine Probleme, nur eben mit *diesen* Schafen, wenn sie von *diesem* Jäger in Lohfeld erschossen würden.

Darf ich hier einmal ein wenig Unmut zum Vorschein kommen lassen? Wir Tierschützer und Tierrechtler, wir mit den Gnadenhöfen … die meisten von uns haben ohnehin schon so viele Tiere aufgenommen, wie nur geht. Darf ich vorschlagen, dass auch die fleischessenden Menschen einmal beginnen, Lebenshöfe einzurichten, für die Teilmenge jener Tiere, die sie am Leben wissen wollen, während sie das Dahinvegetieren und Sterben der Millionen anderen offenbar nicht stört? 600 Millionen Hühner werden in Deutschland jedes Jahr getötet – tja, die kann

man wohl nirgends in Deutschland gut und frei lebend unterbringen ...

Man verstehe mich bitte nicht falsch: Ich hoffe von Herzen, dass die kleine Lohfelder Herde überlebt und noch unzählige Male unbeschadet Wald und Straßen ihrer Heimat durchquert. Es ist nur so, dass mich jene unsichtbare Grenze frustriert, die für viele Menschen offenbar zwischen jenen Schafen, jener Kuh besteht – und den Millionen gesichtslosen anderen.

Zum Beispiel habe ich einmal einen Artikel über Leben und Tod deutscher (Mast)Schweine geschrieben. Es war ein trauriger Text. Ein Freund gab ihn seiner Mutter zu lesen, sie war fassungslos. Sie empfand großes Mitleid mit den Schweinen und ihrem Leben in engen Ställen, ohne Stroh und auf Spaltenböden. Und sie sagte, aus tiefstem Herzen: «Zum Glück esse ich kein Schwein mehr. Nur noch Hähnchen und Rind.» Ja, da ist Mitleid, ein Funke zumindest. Leider schafft er den Weg zur Flamme nicht.

VERGEUDETE LEBEN? EIN RETTUNGSVERSUCH

Auf dem Boden mehrere Zentimeter getrockneter Vogelkot. Um mich herum auf mehreren Ebenen vollgeschissene Gitter und hin und wieder der leblose Körper eines Huhns, das es nicht geschafft hat. Durch die Gänge schieben polnische Arbeiterinnen und Arbeiter schwere Schubkarren. In der Halle selbst tragen sie Masken gegen Staub und Keime, aber

im direkt angrenzenden Vorraum, durch den der Mist gefahren wird, müssen sie ihr Frühstück verzehren. Dies ist ein schrecklicher Ort, den niemand gerne aufsucht; hier arbeiten Ausgebeutete anderer Länder und eben Tiere.

Ich befinde mich in einer Legefarm, Bio-Freiland. Bis gestern haben hier mehrere Tausend Hühner ihre Eier gelegt wie kleine Maschinen. Sie werden so gezüchtet, dass sie ein Jahr lang möglichst effizient funktionieren und Nährstoffe und Kalk für mehr als 300 Eier aus ihren kleinen Körpern mobilisieren. Ihre Skelette schmerzen, ihre Legeorgane entzünden sich, sie haben Organschäden und bekommen Tumore. Nach Ablauf eines Jahres sinkt die Legeleistung unter einen bestimmten Prozentsatz, die Hochleistungshühner gehen den Weg allen agrarindustriellen Ausschusses.

Es gibt Teams von Arbeitern, die darauf spezialisiert sind, von Legefarm zu Legefarm zu fahren und die Hennen nächtens, wenn sie ruhen, für den Transport zum Schlachthof einzufangen. «Hühnerfänger» hieß es neulich in einer Jobanzeige. Bei diesem Einfangen werden vierzehn Prozent von ihnen die Flügel gebrochen. Während der Hatz und Panik der Nacht können sich meist einige Hühner in Winkeln verstecken.

Und das ist auch der Grund, warum ich hier herumkrieche – um sie zu suchen. Ich habe einst durch Zufall erfahren, dass solche Hühner oft übrig bleiben und dann beim Putzen getötet werden. Dem einen Tod knapp entronnen, um den nächsten zu sterben? Seither komme ich jedes Jahr, sammle die «Resthühner» ein und vermittle sie in ein Leben in Freiheit. Zum ersten Mal bekommen sie dann echte Körner und eine grüne Wiese. Bio-Freiland, das sind ja angeblich die glücklichen Hühner. Schade nur, dass sie selbst es nicht wissen. In ihrem Auslauf wächst längst kein Halm mehr, und die meisten von ihnen haben blasse Kämme und kaum noch Federn.

Ich muss daran denken, wie viel Anteilnahme neuerdings die männlichen Küken der Legehuhnrassen erhalten. Am Tag der Geburt werden sie bereits getötet, durch Gas oder mechanisch mithilfe eines «Musers». Eierlegen können die Männchen nicht, zur Mast sind sie auch nicht geeignet; also weg damit. Viele Leute regen sich darüber auf, dass 40 Millionen männliche Küken «sterben müssen, weil sie keine Eier legen können». Aber genauso viele weibliche Legehennen machen ihr ganzes Elend doch deshalb durch, *weil* sie Eier legen.

Oder die Schweinezucht: Einmal zeigte das Fernsehen versteckte Aufnahmen, wie Stallarbeiter untergewichtige Ferkel mit dem Kopf an irgendwelche Wände schlugen, um sie zu töten. Brutale Szenen, man möchte das nicht sehen, Tiere sind doch keine Gegenstände, Tiere empfinden doch auch Schmerzen! Mein Gott, rufen viele, diese Ferkel sind so «sinnlos gestorben».

Aber die anderen Schweine, also ihre Schwestern und Brüder, die ein halbes Jahr älter werden, die sterben ja auch sinnlos. Kein Mensch muss ein Tier essen, jedenfalls nicht in Deutschland. Das Tierschutzgesetz verbietet, Tiere «ohne vernünftigen Grund» zu töten – bloß gibt es in diesem Land keinen vernünftigen Grund, Schweine zu töten. Sie greifen uns nicht an, also brauchen wir sie auch nicht zu töten. Welche Vernunft würde behaupten, nur weil jemand schmeckt, darf man ihn töten? Überhaupt nicht zu Ende gedacht, immer nur zu unseren menschlichen Gunsten sind diese ideologischen Ausflüchte der angeblichen Vernunft und des vermeintlichen Tierschutzes.

Nein, ich weine nicht nur um die Brüder der Hennen, nicht nur um die totgeschlagenen Ferkel, ich weine um sie alle, 800 Millionen erbärmliche, leidvolle, vergeudete Leben, jährlich in Deutschland gewaltsam genommen.

DAS KLEINE HELDENHUHN

Natürlich kann man fragen: Was soll das? Einmal hörte ich, wie eine Frau am Rande einer Tagung sagte: «Und dann fährt sie ein einziges Huhn ganz weit zu einem Tierarzt, lässt es operieren und schreibt drüber.» Damit war ich gemeint. Jene Frau fand, das sei ziemlich jämmerlicher Aktionismus. Schließlich gibt es Millionen hilfsbedürftiger Tiere da draußen; allein 600 Millionen Hühner werden in Deutschland jährlich geschlachtet.

Warum also machen wir das – warum beherbergen Tierrechtler einzelne Tiere auf Gnadenhöfen, oder, wie es jetzt häufiger heißt und weniger «gnädig» klingt: auf Lebenshöfen? Warum versorgen wir sie so aufwändig? Nun, zum einen offensichtlich deshalb, weil es aufs Ganze gesehen zwar kaum einen Unterschied bedeutet, für das jeweilige Tier aber alles. Wenn ich meine Katze zum Tierarzt fahre und sie operieren lasse, sagt ja auch keiner was. Und wo liegt jetzt der Unterschied zwischen einem Huhn und einer Katze? Also: aus Sicht des jeweiligen Huhns beziehungsweise der Katze? Beide haben ja nur ein Leben.

Zum zweiten aber tun wir das, weil es genau das zu demonstrieren gilt: dass jedes Individuum zählt. Dass jedes Tier ein Individuum ist. Dass man Tiere nicht nur in Millionen und Stückzahlen und Zentnern und Tonnen zählen kann oder sollte, sondern dass jedes ein fühlendes Wesen ist, mit seinem eigenen Wohlergehen, seinem Leben und dem Recht darauf. In dieser grausamen, von Tierausbeutung bestimmten Welt muss man diese simple Tatsache – jedes Tier ist ein Individuum! – immer wieder beweisen.

Früher habe ich diese Hühner aus Legefarmen selbst wieder aufgepäppelt, bis ich irgendwann keine Kraft mehr dazu hatte.

Danach haben sich die Betreiber von Hof Butenland zum Glück bereit erklärt, die «Rest»-Hühner aufzunehmen. Die Details der Suche nach diesen übersehenen Hühnern habe ich schon beschrieben: Man kriecht halt mit Mundschutz, Stirnlampe und Kescher durch getrocknete Scheiße.

Beim letzten Mal hatten wir schon ein gutes Dutzend beisammen, da entdeckte die Freundin, die mir half, ein kleines Huhn in einer vergitterten engen Zwischenebene, wo eigentlich gar kein Huhn sein kann. Ich sah es kaum, es war ein wenig wie ein Geist. Die Freundin rief immer: «Es hat einen ganz nackten Popo und schwarze Füße!» Wir suchten es und jagten es teils; wir fanden ein weiteres Huhn – aber es hatte keine schwarzen Füße. Und noch eins, wo wir doch längst glaubten, alle gefunden zu haben – wieder keine schwarzen Füße.

«Dieses Huhn mit den schwarzen Füßen gibt es gar nicht», rief ich schließlich, «wie soll es auch da in diese Zwischenebene kommen, du hast dich geirrt.» Aber die Freundin blieb hartnäckig und scheuchte mich weiter durch die Hallen. Kurz und gut, irgendwann fanden wir das Huhn. Es war wirklich sehr klein, sonst hätte es da nicht reingepasst, hatte einen nackten Po und vor Kot starrende, höflicher: schwarze Füße.

Neunzehn Hühner fanden wir insgesamt; sie tranken gierig aus den Wasserschalen, die wir ihnen in die Käfige gestellt hatten; pickten – zum ersten Mal in ihrem Leben – echte Getreidekörner. Dann kamen sie nach Hof Butenland: Es war für neunzehn Leben ein Neuanfang. Jenes eine kleine Huhn blieb allerdings das schwächste in der Hierarchie der Hühner. Seine Federn wollten nicht richtig wachsen. Die anderen mobbten es. Wochenlang wurde es von fürsorglichen Menschen jeden Tag auf eine separate Weide und abends wieder zurück in den Stall getragen.

Doch letztlich hatte genau dieses eine Huhn uns noch zu zig

weiteren, bislang übersehenen Hühnern geführt – da soll noch mal einer sagen, dass ein Einzelner nichts ausmacht! Gerade wenn man so klein ist. Gerade wenn man sich da versteckt, wo eigentlich überhaupt niemand reinpasst. Manches kann man eben nur dann vollbringen, wenn man mickrig ist und fast nackt und ein einzelnes verrücktes kleines Huhn mit schwarzen Füßen.

HANNI WIRD MAMI

Solche Nachrichten hat man nicht jeden Tag auf dem Anrufbeantworter. «Hallo Hilal, herzlichen Glückwunsch! Du bist Omi geworden!» Dabei habe ich nicht einmal Kinder. Aber eine Bekannte und ich hatten vor wenigen Monaten wieder einmal einige «Resthühner» aus der Legefarm zu dem befreundeten Lebenshof gebracht.

Anfangs fast federlos, erholten sie sich, die blassen Kämme wurden rot, sie lernten Gras kennen und Sandbäder und Kühe und Schweine. Diese Hühner sind so gezüchtet, dass sie eigentlich keinen Bruttrieb mehr haben. Schließlich sollen sie legen, nicht brüten.

Doch dann war da eben diese eine Henne, nennen wir sie Hanni. Nach ein paar Monaten auf dem Gnadenhof hörte Hanni auf, jeden Abend artig mit den anderen in den Stall zu gehen, sondern suchte sich ein geheimes Plätzchen im Pferdestall, ganz oben auf den Heuballen. Dort legte sie ein Nest an, blieb drei Wochen tapfer darauf sitzen und verließ es nur wenige Male am Tag, um etwas zu essen und zu trinken. Und nach drei Wochen

erschien Hanni plötzlich wieder unten im Hof: mit einem winzigen gelben Küken an ihrer Seite.

Seither durfte die «Omi» schon viele Fotos bestaunen, die zeigen, wie rührend sich die Mama um das Kleine kümmert. Bei dem Sturz von den Heuballen hatte sich das Küken ein Beinchen verletzt und humpelte; es bekam eine Schiene, nach ein paar Tagen war das Bein geheilt. Gemeinsam ziehen die beiden nun über den Hof, und so lernte auch das Küken von Anfang an Gras und Erde und Kühe und Schweine kennen.

Die Schweine nicht ganz so nah, da hat die Mama einen Riegel vorgeschoben. Als das Schwein Rosa-Mariechen, selbst im besten Teenageralter und ziemlich frech, das Küken berüsseln wollte, sprang Hanni ihr mit dem Schnabel direkt ins Gesicht. Seither fängt das Mariechen immer an zu schreien, wenn sie Mutter und Kind sieht, und macht einen großen Bogen um sie.

Ungefähr zur gleichen Zeit brachten einige Zeitungen die Nachricht, dass auf dem Flughafen Leipzig 49 000 Küken in einem Frachtflugzeug verbrannt seien. Frisch geschlüpfte Küken höchstwahrscheinlich, denn in den ersten 24 Stunden nach der Geburt brauchen sie noch kein Futter und Wasser zum Überleben, der Dottersack hat sie mit allem versorgt.

Viele Zeitungleser haben sich gefragt: Wie kamen die Küken eigentlich in das Flugzeug? Warum? Doch dass Küken international transportiert werden, ist keine Seltenheit. Sie werden nämlich von hochspezialisierten Firmen «produziert». Die heutigen Hochleistungshennen zum Beispiel, die ohne Bruttrieb, stammen meist von derselben Firma, Lohmann Tierzucht.

Alle schimpfen über Monsanto, doch was mit Hühnern und Schweinen geschieht, steht dem in nichts nach. Sie werden genetisch «optimiert», können oder dürfen sich nicht mehr selbständig fortpflanzen. Wenige international operierende Firmen

besitzen ihr genetisches «Rezept», kontrollieren Elterntiere und Großelterntiere.
Wobei diese Begriffe irreführend sind. Kein einziges kommerziell genutztes Huhn, weder in der modernen Mast noch in den Legefarmen, erlebt den eigenen Nachwuchs oder die eigene Mutter. Sie alle wachsen mutterlos auf, in großen Hallen. Ein Meer von piepsenden gelben Federbällchen.
Und so ist das, was unsere Hanni vollbrachte, beinahe ein Wunder. Eine Henne, die sich vor dem Schlachttransport versteckte. Die sich nochmals versteckte, um ihr Nest anzulegen. Die einen Bruttrieb verspürte, den man ihr genetisch hatte austreiben wollen, und die drei Wochen durchhielt, was schon für «normale» Hühner eine Herausforderung ist. Nichts davon war von ihren menschlichen «Machern» so vorgesehen.
Mit ihrem aufgeplusterten Federkleid sieht Hanni jetzt aus wie ein Kaffeewärmer. So sitzt sie oft auf dem Erdboden. Das Kleine nähert sich ihr, es piepst, so wie Millionen andere Küken ohne Unterlass und vergeblich in Aufzuchthallen und Transportboxen und Frachtflugzeugen piepsen. Hanni erhebt sich ein wenig, das Küken schlüpft unter ihr Gefieder, und Hanni bedenkt alle sich Nähernden mit dem typischen stechenden Blick einer Glucke, die ihre Brut wärmt und bewacht, so wie es sich für sie und ihre Kleinen gut und richtig anfühlt.

VON WEGEN WOLLE

Wir haben spät geschoren dieses Jahr. Bis weit in den Mai wurde es nachts noch kalt; dann stand die Schafskälte vor der Tür; danach gelang es uns zu scheren, kurz bevor die nächste Regenzeit begann.

Einem Vorurteil zufolge müssen Schafe ganz unabhängig vom menschlichen Einfluss geschoren werden, weil es ihnen sonst zu heiß wird. Einem anderen Vorurteil zufolge müssen sie nicht, weil die Wolle von selbst abfällt. Weder das eine noch das andere stimmt so. Die heutigen «Wollschafe» sind nämlich extra – vom Menschen – so gezüchtet, dass ihnen dichte Wolle wächst. Sogar die langen Schwänze der Wollschafe sind Ergebnis menschlicher Züchtung: je mehr Hautoberfläche, desto mehr Wolle. Und die muss dann in der Tat geschoren werden.

Den Merino-Schafen, die besonders feine Wolle haben, hat man aus diesem Grund faltenreiche Haut angezüchtet. Leider setzt sich in den Falten rund um den After Kot fest, es folgen Fliegen und Maden; um dem «vorzubeugen», wird in Australien lebenden Schafen beim *mulesing* die entsprechende Hautpartie ohne Betäubung herausgeschnitten; eine sehr schmerzhafte und blutige Angelegenheit.

In Australiens Weiten haben die Tiere zwar viel Bewegungsfreiheit, sind aber jeder Witterung, auch der größten Sommerhitze, meist schutzlos ausgesetzt. Zum Dank für ihre Strapazen werden sie nach ein paar Jahren, wenn sie «ausgedient» haben, per Schiff mehrere Wochen lang übers Meer in den Nahen Osten zum Schlachten transportiert. Ja, auch das muss man bedenken, wenn man sich einen Pulli kauft …

Es gibt andere Rassen, die ihre Unterwolle bis zum Sommer von allein verlieren. Um sie von den Wollschafen abzugrenzen,

nennt man sie «Fleischschafe». Als ob sie nur auf der Welt seien, um Fleisch zu «produzieren» – eigentlich sind es halt ganz normale, sogar ursprünglichere Schafe. Aber gut, könnte mir auch passieren. Wenn jetzt ein hungriger Räuber des Weges käme, zum Beispiel, könnte der denken: Hhm, auf dem Kopf hat sie recht viel Wolle – aber ich glaub, insgesamt ist sie wohl doch eher ein Fleischmensch.

Dieser Fleischmensch hier bestellte also Anfang Juni einen Schafscherer. Der (Saison-)Job Schafescheren ist hart, vor allem, weil die Prozedur eben auch für die Tiere so hart ist. Zwar gibt es eine Technik, die Schafe auf den Hintern zu setzen, aber man muss sie oft auch niederringen, niederhalten, oft genug in die Eingeweide drücken. Der Pansen presst auf die Lunge, viele Tiere japsen, rollen panisch mit den Augen, strampeln. Man spürt sie zucken, wenn man sie aus Versehen schneidet. Ein Scherer hat einmal drei Tage später angerufen, um sich zu vergewissern, dass ein bestimmtes Schaf noch lebte.

Während der Prozedur sprach jeder Schafscherer, der bisher hier war, mit den Schafen, und jeder hatte seinen Standardsatz: «Ganz ruhig, Mecki-Mecki», sagte einer (zu jedem Schaf). Oder: «Du kleines Shitstück.» Oder dieser letzte Scherer: «Du musst noch mehr Gras fressen.» – Als ich fragte, was er damit eigentlich meine, sagte er: Die Tiere glauben, jetzt kommt der Tod, aber tatsächlich leben sie ja weiter – und fressen Gras.

Er erzählte mir auch, dass er bei einem Freund bisweilen dessen Schafe schlachte. Wie er das mache, fragte ich. Kehle durchschneiden. Vorher betäuben. «Wie machen Sie das?» – «Mit einem Hammer oder einem Beil. Da muss der erste Schlag natürlich sitzen, ich kann da ja nicht drei Mal draufhauen.»

Klar ist das illegal, dieses private Schlachten. Aber ich würde deshalb niemanden anzeigen; was ist denn die Alternative? Die Tiere in den Transporter jagen, zum Schlachthof fahren? Der

ganze Schlachthof ist voller Blut und ängstlich rufender Tiere, denn Schlachten heißt: ein Lebewesen gewaltsam zu Tode bringen. Man bilde sich nicht ein, das sei besser, nur weil der Ort Mauern hat und Schlachthof heißt.

Früher wurde dieser Scherer oft nach Schottland bestellt, zu Herden von großen und wilden Schafen. «Abends gingen wir immer über so eine Brücke zurück zu dem Ort, da hat mein Kollege plötzlich seine ganze Ausrüstung in den Fluss geschmissen, paar tausend Euro, er hat gesagt, er kann nicht mehr.»

Scheren konnte mein Scherer gut, er war auch nicht betrunken wie manch anderer. Aber leider besaß er missioniarischen Eifer bezüglich der Idee, dass man Schafe schlachten müsse, «damit die Unkosten wieder reinkommen». Zwei Stunden dauerte das Scheren, zwei Stunden quatschte er von diesem Schlachten, zwei Stunden sagte ich ihm, meine Schafe sollten in Frieden alt werden, zwei Stunden sagte er: «Nur ein paar Lämmer – nur damit die Unkosten wieder reinkommen!» Wieso ist das so schwer zu akzeptieren? They're friends, not food.

DER GNADENSCHÄFER

Am späten Nachmittag erhielt ich den Anruf eines befreundeten Schäfers namens Günter. Eigentlich war er zu mir unterwegs gewesen, um die Klauen meiner Schafe zu

kontrollieren, doch war er aufgehalten worden. Ein Wagen vor ihm hatte einen Bussard angefahren, am stark befahrenen Autobahnkreuz bei Maschen. Danach hatte der Wind das verletzte Tier gegen die Leitplanke und darüber hinaus geschleudert. Und nun wollte Günter ihn im Gebüsch suchen und, falls er ihn fände, in eine Wildvogelstation bringen.

Das Ganze hörte sich etwas abenteuerlich an. Einen Kescher, feste Handschuhe und eine große Kiste hatte Günter bereits dabei. Doch Günter selbst ist ein Herr um die sechzig, der zwar noch eifrig Schafe schert und Marathons läuft, aber eher klein gewachsen und durch all seine Aktivitäten so dünn ist, dass ihn ein Windstoß jederzeit packen und wegwirbeln könnte, zumal so einer beim Maschener Kreuz. Ungern ließ man so jemanden allein durch die Böschungsbepflanzung klettern. Ich bot also an, nach Kräften zu helfen. «Bist du verrückt? Das ist gefährlich!», rief Günter. «Das ist doch direkt an der Autobahn!» Aufgebracht wies er mich noch ein wenig zurecht, wie ich auf eine so tollkühne Idee kommen konnte, bis ich wagte anzumerken, dass unter diesen Umständen vielleicht auch er selbst das Unternehmen abblasen sollte.

Das gehe nicht. «Das passt nicht zu meinen Prinzipien», sagte er, und seine Stimme nahm jetzt einen recht strengen Ton an. «Hier geht es um Tierleid, ich muss es wenigstens versuchen!»

Weil ich Günter schon länger kenne, versuchte ich nicht weiter, ihn zu überreden. Wenn ich ihn einen Schäfer nenne, ist das übrigens nur zur Hälfte richtig. Von der Ausbildung her ist er Schäfermeister und hat auch lange in dem Beruf gearbeitet. Freunde, die ihn aus jener Zeit kennen, erzählen, er sei schon damals ziemlich dünn gewesen, habe dieselben uralten, teils zerlöcherten Schuhe und Klamotten getragen – und ein großes Herz besessen. Er hatte nie Geld in der Tasche, aber wenn arm wirkende Leute ihm Schafe zum Schlachten abkaufen woll-

ten, schenkte er sie ihnen. Eines Tages nahm er eine Praktikantin an, die Vegetarierin war, und lebte mehrere Jahre mit ihr zusammen. Er begann, die Sache mit dem Schlachten anders zu sehen, gab zuerst das Fleischessen auf, dann den Verzehr sämtlicher tierischer Produkte, und damit schließlich seinen Beruf. Ein Schäfer lebt nun einmal vom Verkauf seiner Tiere zwecks Schlachtung.

So ist Günter heute das seltene Beispiel eines veganen Schäfers. Zwar besitzt er noch eine Herde, die aber besteht nur aus «Gnadenschafen», die er vor der Schlachtung oder aus schlechter Haltung gerettet hat. Auf Wochenmärkten verkauft er ökologisch angebautes Obst und Gemüse, allerdings handhabt er als Obstverkäufer seine Geschäfte genauso wie einst als kommerzieller Schäfer. Eine Gruppe junger Veganer beliefert er kostenlos, und von einem Hamburger Markt wurde er ausgeschlossen, weil seine Praktiken nach Ansicht der Marktaufsicht den Wettbewerbsbestimmungen zuwiderliefen. Günter bemaß nämlich die Preise an der nach Augenschein geschätzten Finanzkraft seiner Kunden.

Als Günter an jenem Tag schließlich seinen ächzenden alten Kleinbus auf meinen Hof steuerte, war es früher Abend. Den Bussard hatte er bald gefunden, leider war das Tier bereits tot gewesen. Der Zusammenprall war wohl stärker gewesen als gedacht. Bei aller Traurigkeit war Günter eine gewisse Erleichterung anzumerken, dass das verletzte Tier wenigstens nicht noch ewig zu leiden gehabt hatte. «Und jetzt zeig mir deine Schafe!» Wir trieben die Schafe zusammen, er kontrollierte die Klauen einiger älterer Tiere. Sorgfältig schnitt er alles überstehende Material ab, roch an den Schafsfüßen, ob sie entzündet waren, desinfizierte die Klauen einer Ziege. Wir tranken einen Tee zusammen, aßen etwas in meiner Küche. Dann ging er zu seinem maroden Wagen zurück. «Möchtest du noch mal den Bussard

sehen?», fragte er. «Hast du ihn etwa dabei?» – Ja, er wolle ihn später ordentlich begraben.
Es war ein noch junger Bussard gewesen, ein wunderschönes, nussbraunes Tier. Die Augen hatte ihm Günter sanft geschlossen, äußerlich war keine Verletzung zu sehen. Es sah aus, als schlafe er. Fünf Mal musste Günter den Zündschlüssel herumdrehen, bevor der Motor endlich ansprang. Seine dünne Hand winkte aus dem Fenster zum Abschied. Ein Tier ist nirgends besser aufgehoben als bei ihm.

VON OPFERN UND SCHLÄCHTERN

Das islamische Opferfest fällt dieses Jahr auf Ende August. Es ist gedacht als freudiges Gedenken an Abrahams Gottesergebenheit; wir Muslime danken Gott für die Barmherzigkeit, die er seinem Diener Abraham gegenüber walten ließ, als er dessen Sohn verschonte.
Doch ehrlich gesagt, das heutige Opferfest ist kein Tag reiner Freude, und schon gar nicht der Barmherzigkeit. Er ist leider auch ein Tag unbedachten, rohen Tötens, weil wir Menschen vergessen haben, welche Verantwortung Gott uns übertrug, als er uns stärker machte als die Tiere.
Der Koran mahnt uns, die Tiere zu achten. Sie sind Völker wie wir und werden am Tag des Jüngsten Gerichts mit uns gemeinsam vor Gott stehen! «Keine Tiere gibt es auf Erden und keinen Vogel, der mit seinen Schwingen fliegt, die nicht Völker wie ihr sind … Letztlich werden sie zu ihrem Herrn versammelt.» (Sure

6:38) Sie preisen Gott in ihrem täglichen Tun, und Allah nimmt Anteil an jedem von ihnen, auch dem Kleinsten: «Kein Lebewesen gibt es auf Erden, dessen Versorgung Ihm nicht obläge; und Er kennt seinen Aufenthaltsort und seinen Ruheplatz. Alles ist klar verzeichnet.» (Sure 11:6)

Die Theologen des islamischen Mittelalters haben intensiv über Tiere und ihre Seele diskutiert. Manche Theologen glaubten, dass «böse» Tiere wie Skorpione in die Hölle kämen. Schafe dagegen, die schöne und nützliche Tiere seien, kämen ins Paradies. Daher solle man ihnen auf Erden schon den Rotz abwischen. Damit sie sauber im Paradies ankommen. Und was machen wir? Wie behandeln wir die Schafe, die wir opfern? Wir reißen sie Tage vor dem Fest aus ihren Herden, ihren Familien; transportieren sie zusammengebunden im Kofferraum; setzen sie Tagen voll Angst aus. Füttern sie ahnungslos mit dem falschen Zeug und lassen sie dursten; «parken» sie wie ein Auto in der Garage. Menschen, die weder Ahnung von Schafen noch vom Schlachten haben, murksen stümperhaft mit stumpfen Messern herum!

Ich kenne selbst mehrere Schäfer; ab und zu verkaufen sie Schafe an Muslime oder schenken sie ihnen sogar. Manche waren schon oft bei illegalen Schächtungen dabei. Es sind gute Menschen, diese Schäfer. Sie sagen mir, sie selbst würden nie öffentlich über das sprechen, was sie da manchmal sehen – wie schlecht die Tiere behandelt werden. Sie sagen, sie wollen nicht, dass die Muslime schlecht dastehen, in einer Zeit, in der es schon so viel Ablehnung des Islams gibt.

Ich bin selbst Muslimin, und auch ich bin besorgt wegen Islamfeindlichkeit. Aber ich bin eben auch besorgt um all diese Tiere; und was im Namen des Opferfests vielerorts geschieht, ist oft barbarisch, es spottet jeder religiösen und sonstigen ethischen Vorschrift. Das ist übrigens kein Argument gegen das Schächten an sich, höchstens gegen das Töten. Denn natürlich sind

auch die Massenschlachthöfe für Schweine und Rinder barbarisch. Es macht das eigene Handeln aber nicht besser, wenn jemand anders genauso grausam handelt.
Wenn Muslime Tiere schlachten wollen, müssen sie nach den Regeln des Islams verfahren. Und diese Regeln verlangen nicht nur den schnellen Schnitt durch die Kehle, das gut geschärfte Messer, – sondern auch, das Tier zu achten. Wir dürfen den Tieren keine Todesangst einjagen, verlangen die Prophetenüberlieferung (Hadith) und die islamische Rechtswissenschaft (Fiqh). Der Prophet selbst fragte den Mann, der sein Messer vor den Augen des Tieres schärfte: «Willst du es gleich zwei Mal töten?» Man denke auch an den berühmten Hadith: «Es gibt keinen, der einen Spatzen tötet oder etwas noch Kleineres, das es nicht verdient hat, der am Jüngsten Tag vor Gott keine Rechenschaft ablegen muss.»
Auch darf man Schlachttiere nicht unnötig warten lassen. Andere Vorschriften besagen, dass Tiere das Blut anderer Tiere nicht riechen dürfen, damit ihnen Panik erspart bleibt, und dass man sie nicht zum Schlachtplatz zerren darf. Es gibt unzählige solcher Bestimmungen, die alle dem Wohl des Tiers gelten. Denn Tiere sind keine Ware, sondern haben Gefühle und eine Seele.
Alles andere ist nicht helal. Helal ist keine Technik, es ist eine Ethik. Es geht nicht um den Schnitt durch die Kehle, es geht darum, dass wir das Tier insgesamt als Mitgeschöpf behandeln. Und deswegen finde ich, dass die Helal-Industrie ihren Namen nicht verdient, wenn sie sich aus der wundervollen, reichen Tradition des Islams, was die gute Behandlung von Tieren angeht, nur die Frage des Schächtens herauspickt und den Rest geflissentlich ignoriert.
Denken wir an die Schafe, die manchen mittelalterlichen Theologen zufolge sauber und schön ins Paradies gelangen sollen. Sie

haben sich darüber Gedanken gemacht. Aber wie kommen unsere aus der Massentierhaltung stammenden Schlachttiere im Paradies an? Als schmutzige, geschundene, missachtete Körper. Wir missachten die islamische Tradition und treten die Idee, dass alle Geschöpfe Gottes Geschöpfe sind, mit Füßen.

Laut einer Fatwa der renommierten Azhar-Universität in Kairo kann auch das Schlachtfleisch nach vorheriger Elektroschockbetäubung helal sein, wenn das Tier danach richtig ausblutet. Dazu erging die Empfehlung: «Wenn die neuen Methoden schneller und präziser sind, dann ist es besser, sich ihrer zu bedienen. Es entspricht mehr den Worten des Propheten, der sagte: ‹Gott will, dass wir milde zu allen sind.›.»

Aber mal ehrlich: Gilt das nicht für das Fleischessen und Töten insgesamt? Die Muslime in früheren Jahrhunderten brauchten das Fleisch, so wie weltweit Menschen früher Arbeitskraft und Fleisch von Tieren brauchten. Wir heute brauchen es nicht mehr. Sollte nicht jeder, der heute in Milde und Dankbarkeit feiern will, das Leben der Tiere verschonen – ob beim Thanksgiving, zu Weihnachten oder beim Opferfest?

VOLLER VERTRAUEN UM DIE ECKE

Was für ein Glück, dass ich nur tierfreundliche, bewusste Konsumenten kenne. Ich meine jetzt nicht nur die Veganer, sondern auch die anderen. Alle sind gegen Massentierhaltung. Sie verabscheuen Tiertransporte. Wenn man ihnen erzählt, dass den Milchkühen die neugeborenen Käl-

ber weggenommen werden, verziehen sie das Gesicht. Neulich haben sie den TV-Bericht über das Elend der Mastputen gesehen – so was geht gaaar nicht!

Alle diese Leute würden nie Fleisch «im Supermarkt» kaufen, schon gar nicht «bei Aldi». Sie kaufen «nur bio», am liebsten Fleisch, bei dem man «weiß, wo es herkommt». «Regional» also. Viele kaufen daher auf dem Erzeugermarkt, beim «Bauern um die Ecke» oder dem «Bauern ihres Vertrauens».

Vor allem die Berliner, die ich kenne, kaufen durch die Bank bei diesem Bauern des Vertrauens oder eben dem um die Ecke, und weil die meisten Berliner, die ich kenne, in Prenzlauer Berg leben, muss die Bevölkerungs- und Bewirtschaftungsdichte vertrauenswürdiger Landwirte dort ganz besonders hoch sein. Dachte ich lange. Dann hörte ich, von anderen Veganern, dass deren Bekannte ebenfalls alle beim Bauern um die Ecke kaufen. Anscheinend kennen wir alle dieselben Leute, oder diese Leute kaufen alle bei denselben Bauern.

Dabei dachte ich eigentlich, das kleinmetzgerliche Schlachten mitten im Siedlungsgebiet sei wegen des ungezügelten Geschreis der involvierten Tiere etwas aus der Mode gekommen. Noch in meiner Kindheit wurde einmal die Woche beim örtlichen Metzger geschlachtet. An dem Tag gingen wir nie Einkaufen. So sanft war das nämlich auch nicht.

Das Paradoxe ist jedenfalls, dass ich heute, wo ich mitten im Agrarland Niedersachsen lebe, selbst gar nicht wüsste, wo ich hier ein Schwein, Kalb oder Ei meines Vertrauens herbekäme. Typisches Stadt-Land-Gefälle! Vermutlich gibt es von jedem x-beliebigen Punkt in jeder x-beliebigen Großstadt aus irgendwo eine entscheidende Ecke, um die man nur herumgehen muss, um zu den diversen Bauernhöfen des Vertrauens zu gelangen, wo die glücklichen Kälbchen mit den Mamis rumspringen, auf grünen Wiesen natürlich, und später liebevoll in den Schlaf

gesungen werden. Erst wenn sie nie wieder aufwachen, werden sie von meinen Freunden gekauft und gegessen. Oder jedenfalls, wenn sie sonstwie friedlich aus dem Leben geschieden sind. Es sind ja inzwischen alle Menschen gegen industrielle Schlachthöfe, sie befürworten eine «humane Schlachtung». Neulich las ich irgendwo: «artgerechte Schlachtung». Auf das artgerechte Einsperren, das humane Kälberwegnehmen, das tierschutzkompatible Zwangsbesamen, sanfte Hodenabschneiden und kreaturgerechte Schnabelkürzen folgt dann die artgerechte Schlachtung ihres Vertrauens.

Solches Fleisch kann man essen – aber eh nur ganz selten. Wir essen «nur noch wenig Fleisch», sagen die meisten, jedenfalls «viel weniger als früher». Wenn man diversen Straßenumfragen glaubt, leben in Deutschland fast 50 Prozent Vegetarier – halt gefühlt. Man fühlt sich so, wie man gerne wäre; und insbesondere wenn da so ein Interviewer mit Klemmbrett auf einen zukommt, hört man die Stimme des Gewissens vernehmlich.

Etwas anders gelagert ist folgendes Argument gegen den Vegetarismus: dass die Inuit bei sich zu Hause kein Gemüse anbauen können, also Fleisch essen müssen. Also isst auch der Deutsche Fleisch nur aus Solidarität mit den Inuit. Oder mit den Armen in Deutschland – «die könnten sich den teuren Tofu doch gar nicht leisten!» Von einem völligem Mangel an sozialem Bewusstsein zeugte es daher, als meine Freundin Katrin S. neulich fragte: «Wenn alle nur beim Bauern des Vertrauens kaufen, warum liegt in ihrem Kühlschrank der Gouda von Ja! und das Hack vom Kaufland?» – Mensch, Katrin, das ist doch nur solidarisches Hack! Gewiss machen diese Menschen auch Skiurlaub, trinken teuren Wein und fahren Autos, die sich arme Leute nicht leisten können. Aber irgendwo muss Solidarität ja anfangen!

Es ist übrigens nicht so, dass ich all das nicht verstehe. Ich werfe

ganz selten Essen weg, und überhaupt verbrauche ich wenig. – Mein Mülleimer lässt anderes vermuten. – Ich würde von mir auch sagen, dass ich Dinge lieber reparieren lasse, als ständig alles neu zu kaufen. – Wo kann man überhaupt noch etwas reparieren lassen? – Lange glaubte ich sogar, dass ich eine Person sei, die Socken stopft, statt sie wegzuschmeißen! Bis ich all die kaputten Socken, die ich nicht wegschmeiße, in der Schublade mit der Schuhcreme fand. Zum Schuheputzen. (Ich putze nie Schuhe.) Ich kaufe viel ein, ich schmeiße viel weg, ich fahre Auto. So sieht's aus. Diese Diskrepanzen im Selbstbild sind vermutlich nur menschlich.
Menschlich ist aber auch, mal zu erkennen, wenn es um etwas geht. Sich einen Schubs zu geben. Sich etwas vorzunehmen. Ist der Mensch an sich gut, ist er böse? Keine Ahnung. Aber wir können besser werden.

DER SPRACHE AUF DEN LEIM GEGANGEN

Mir war das früher nie richtig aufgefallen – aber die Sprache legt Zeugnis ab wider uns Menschen und unseren Umgang mit dem Tier. Bereits abfällige Ausdrücke wie «Schweinerei», «Sauerei» und «Saustall» verweisen ja aufs eingesperrte Tier, denn von Natur aus sind Schweine völlig sauber, von Geburt an stubenrein; auch ein eingesperrter Hund muss irgendwann auf den eigenen Schlafplatz koten. Sprechen wir etwa von Hunderei?

Aber erst die Redewendungen! Jemand schreit «wie eine angestochene Sau» – also eine Sau, die man angefangen hat, mit dem Messer zu schlachten – oder rennt «wie eine gesengte Sau». Was ist das Sengen? Das Abbrühen der Schweinehaut zum Entfernen der Borsten; das wird normalerweise nach dem Schlachten gemacht. Wenn eine gesengte Sau noch laufen kann, heißt das, dass man ihr lebend die Borsten abzukokeln versuchte oder sie lebend ins Brühbad warf. (Das passiert auch heute noch etwa 500 000 Schweinen in Deutschland jährlich.) Woher das «Schwitzen wie ein Schwein» kommt, ist unklar, weil Schweine gar nicht schwitzen können. Bei einem Sprachwissenschaftler las ich, auch das beziehe sich aufs Brühbad …

Wenn die Sau aber entkommt, ob nun vor oder nach dem Anstechen, Abstechen oder Brühen, wird sie «durchs Dorf getrieben». Die «arme Sau» versucht sich der Schlachtung zu entziehen. Manchmal allerdings wird sie einfach nur «rausgelassen», darf tun was sie will, fühlt sich «sauwohl». – Wie schön, dass es dieses Wort in unserer Sprache gibt, denn es belegt, dass es gelegentlich auch glückliche Schweine gab!

Vom Geflügel lässt sich das wohl nicht sagen, es endet früher oder später «wie ein gerupftes Huhn», man hatte mit ihnen «ein Hühnchen zu rupfen». Normalerweise schlachtet man das Geflügel vorher, nur bei Gänsen ist das nicht immer so; der Lebendrupf ist in Deutschland zwar verboten, wird anderswo aber praktiziert, und Daunen werden von dort importiert. Ohne Federn hat die Gans «Gänsehaut». Manches Huhn wiederum flattert nach dem Kopfabschlagen noch herum «wie ein kopfloses Huhn».

Fuchs und Bär sind uns «in die Falle gegangen». Auch die Maus natürlich – «mit Speck fängt man Mäuse». «Auf den Leim gegangen» sind nicht nur die heutigen Fliegen, sondern früher fing man auch Vögel mit Leim, um sie zu braten: «Besser ein Spatz in

der Hand als eine Taube auf dem Dach!» Wenn man die Taube dennoch trifft, hat man den «Vogel abgeschossen». Bei der Vogeljagd wird ein «Lockvogel» benutzt, bei der Treibjagd das Unterholz «abgeklappert» oder «auf den Busch geklopft». Man muss allerdings genau hinschauen, «wie der Hase läuft», bevor man ihn zu fassen kriegt und er «im Pfeffer» landet. Schwaches oder verletztes Wild wird ohnehin gleich gerissen, «geht vor die (Jagd-)Hunde».

Mit Steinen beworfen wurden «getroffene Hunde, (die) bellen». «Die Katze kauft man im Sack» – wenn man getäuscht wurde, weil eigentlich ein Ferkel der vereinbarte Gegenstand des Handels war –, lässt sie aber wieder «aus dem Sack» heraus und macht den Betrug offenbar. Am effizientesten werden «zwei Fliegen mit einer Klappe» geschlagen. Wohl fühlt sich «der Fisch im Wasser», wo ihm aber keine Ruhe vergönnt ist; zuerst wird ihm ein «Köder ausgeworfen», dann hängt er «wie ein Fisch am Haken», man kann ihn an der Angel «zappeln lassen» oder «wie einen Fisch auf dem Trockenen» ersticken lassen. Auf See sollen Fische «ins Netz gehen».

Nicht getötet wird der Ochse, zumindest solange er «stark wie ein Ochse» ist; er lässt sich «einspannen» oder «vor den Karren spannen». Dann muss er «schuften wie ein Ochse». Übrigens weist der Historiker Peter Dinzelbacher darauf hin, dass der alte Pflug ergonomisch extrem ungünstig und dem Ochsen ein schmerzhaftes «Joch» war.

Trotzdem war der Ochse noch gutmütig genug, dem Menschen «aus der Hand zu fressen» – das klingt, auch wenn man es auf Menschen überträgt, schon ziemlich nach Doofheit! Dabei wird man ihm manchmal gedroht haben: «Friss oder stirb!» Es blieb ihm also gar nichts anderes übrig, ebenso wenig wie den «lammfrommen» Lämmern, die sich «freiwillig zur Schlachtbank führen lassen»… Gewiss, so viel Vertrauen haben wir Menschen

wohl nicht verdient, aber müssen wir noch über die Tiere spotten, weil sie uns trotz allem folgen? Immerhin bringt man manchmal «seine Schäfchen ins Trockene», etwas, das ich jetzt auch tun werde, ganz wörtlich. Ein heftiges Gewitter braut sich zusammen, und wohin man schaut in der Geschichte von Mensch und Tier, man sieht so viel Gewalt, Gewalt.

HERBST

HINÜBERHELFEN

Euthanasie. Da steht es, dieses erschreckende, vielmals entsetzlich missbrauchte, aber eben doch nicht völlig aus der Praxis wegzudenkende Wort. Die Frage nach dem leidenden, sterbenden Menschen sei hier völlig beiseite gelassen. Bei Tieren jedoch finden die meisten Menschen Sterbehilfe in Ordnung. Dem schmerzgeplagten alten Hund gibt man eine Spritze, dem angefahrenen Reh den Gnadenschuss. Doch auch hier, beim Tier, gibt es welche, die widersprechen: Dieser beschleunigte Tod sei nicht gut für die Seele, meinen manche Esoteriker. Die Seele solle doch «hinübergehen», darauf müsse sie sich vorbereiten. Manche gläubige Menschen meinen, jede Art von Tötung sei Mord. Ich gebe zu, ich bin hier aus pragmatischen Gründen optimistisch. Wenn es Gott und seine Engel gibt, dann werden sie der tierischen Seele gewiss hinüberhelfen. Wenn ein Tier sehr leidet und wir nicht anders helfen können, sind wir dann nicht in der Pflicht?

Das erste Tier, das ich je vom Tierarzt einschläfern lassen musste, war das Huhn Keira. Keira war ein besonderes Huhn. Sie hatte viel Angst vor den anderen Hühnern, manchmal zitterten ihr die Beine. Sie liebte Kürbis, und wenn man ihr ein Stück davon hinlegte, hackte sie nach Kräften darauf herum, wie übrigens auch auf allem anderen, Holz oder Pappe. Ja, Keira war ein besonderes Huhn. Eines Tages verharrte sie mitten in

der Bewegung. Kein Vor, kein Zurück, sie legte sich abends nicht einmal hin. Ich setzte sie in einen Käfig, in dem sie Ruhe hatte, dachte, sie würde sterben, aber sie starb nicht. Sie fraß kaum, bewegte sich kaum, schien zu dösen. Ich rief den Tierarzt. Am Abend, bevor er kommen sollte, bot ich Keira ein hartgekochtes Ei an – und sie erwachte aus ihrer Trance, fraß mit alter Munterkeit. Ich bestellte den Tierarzt ab. Keira verfiel wieder in ihre Starre. So ging das hin und her, eine Woche. Dann packte ich Keira ein und fuhr sie in die Klinik der Tierärztlichen Hochschule nach Hannover. Keira war so geschwächt, dass sie in den Kurven andauernd umfiel. Die Vogelexpertin untersuchte sie und sagte bedauernd, das Humanste sei ein baldiges Ende.

Sie holte eine Schachtel aus dem Schrank, darauf stand eben dieses Wort: Euthanasie. Zunächst bekam Keira eine Betäubungsspritze in die Brust, dazu musste ich sie anheben und drehen. Die Augen des armen Huhns weiteten sich vor Entsetzen, als die Nadel in ihren Körper stach. Plötzlich war wieder Leben in ihr, dieser wache Funke. Dann schloss sie die Augen, bekam die nächste Spritze, atmete mehrmals ein und aus und dann irgendwann nicht mehr. «Jetzt hast du es geschafft», sagte die Tierärztin leise.

Doch da wäre eben auch Parcel. Jene vorwitzige, graue Ziege, mit einem Gesichtchen und Knopfaugen wie aus dem Bilderbuch. Im letzten, eiskalten Winter fing sie an zu frieren, zu zittern und abzumagern. Der Tierarzt nahm Blut ab, meinte, ihre Krankheit sei nicht ansteckend, aber unheilbar. Ich wickelte sie in die Thermorettungsfolie aus dem Erste-Hilfe-Kasten, drumherum weiches Fleece, viele Meter Paketband (daher der Name: Parcel für Paket). Fütterte sie morgens und abends zusätzlich mit Kraftfutter. Parcel hörte auf zu zittern, wurde aber immer dünner, mehr *postcard* denn *parcel*. Irgendwann wurde sie

so schwach, dass sie beim Gehen fast wankte. Ich wusste, es war Zeit, den Tierarzt zu rufen …
Doch ich konnte nicht. Hatte eben erst ein geliebtes Tier verloren. Wollte dem Tod nicht schon wieder begegnen, nicht die «Tierkörperbeseitigung» anrufen und Parcels Leib in einem blauen Sack neben die Straße legen … Ich schob die Entscheidung vor mir her, eine Woche, zwei Wochen. Es kam der Frühling, das Gras grünte. Parcel fraß und fraß und wurde – entgegen aller tierärztlichen Prognosen – wieder kräftiger. Krank ist sie immer noch, aber keine Postkarte mehr, sondern wieder ein Päckchen. Wenn die Sonne scheint, streckt sie genießerisch alle Viere von sich. Zwei Mal täglich besteht sie auf ihrer Extraration. Wenn jetzt der Winter wiederkommt, weiß ich nicht, wie lange Parcel noch kräftig bleibt. Aber die Tierärztin und ich haben beschlossen: Wer frisst, will noch leben. Das ist nicht mehr als eine Daumenregel. Als wie «lebenswert» mag ein schwerkrankes Tier sein Leben wohl empfinden? Die Begriffe knirschen, eine Beurteilung von außen ist streng genommen unmöglich, jede Entscheidung moralisch fragwürdig, und Gewissheit gibt es nicht.

EIN STRÄUSSLEIN FÜR KATIE

Als Kind war ich nie auf einer Beerdigung und hatte keine Vorstellung davon, wie exakt das deutsche Recht regelt, was mit Toten geschieht. Daher äußerte ich gegenüber meiner Mutter einmal den Vorschlag, falls ich frühzeitig sterben

sollte, könne sie mich gern an die Löwen im Zoo verfüttern lassen, damit diese «noch etwas von mir hätten». Meine Mutter war von der Idee verständlicherweise wenig begeistert. Überhaupt klingt das Ganze leicht morbide – zumindest bis man sich klar macht, dass es in vielen menschlichen Kulturen normal war, die Toten dem Tierreich zu überlassen, zum Beispiel indem man sie an erhöhten Plätzen den Geiern anbot. Mein Gedanke war so unplausibel nicht.

Ich erzähle dies sozusagen sicherheitshalber, weil man uns Veganer bisweilen einer gewissen Zimperlichkeit verdächtigt; doch hiermit hoffe ich bewiesen zu haben, dass mir die Idee durchaus nicht fremd ist, dass ein Körper nach dem Tod als Nahrung in den Kreislauf der Natur zurückkehrt. Dies vorausgeschickt, nehme ich nun all meinen Mut zusammen, um vom Tod meines Schafes Katie zu erzählen. Vor zwei Wochen kam ich morgens um die Ecke des Stalls und sah Katie im Stroh liegen. Sie war ein noch recht junges Schaf gewesen, ihr Tod traf mich völlig unvorbereitet. Der Tierarzt stellte eine plötzliche Magenblutung fest.

Ob Tier oder Mensch, vieles gleicht sich am Tod beider: Letztlich versteht man ihn einfach nicht. Eben war die Person, das Tier, das Gegenüber noch da. Jetzt liegt nur noch die «Hülle» dort und sieht – zumal im Fall eines Tiers mit gesundem Fell – noch fast genauso aus wie einst im Leben. Katie war ein zutrauliches kleines Schaf gewesen, abends hatte sie sich gern an Bauch und Hals kraulen lassen. Ich pflückte einen kleinen Strauß Blumen und legte ihn ihr auf den Hals.

Zum Abtransport toter Kühe, Schafe und Pferde, die krank waren, ruft man eine Institution namens Tierkörperverwertung an. Diese schickt einen LKW, allerdings meist erst ein paar Tage später. Derweil legt man das Tier (den Kadaver? den Leichnam?) unter eine Plane an den Straßenrand oder in eine Garage und hofft, dass der Wagen nicht allzu lange auf sich warten lässt.

In Katies Fall waren es vier Tage. Zum Glück war es kühl. Jedes Mal, wenn ich an der Garage vorbeikam, war mir etwas unbehaglich zumute. Ob die Ratten schon dagewesen waren? Ob das tote Tier roch? Egal, sagte ich mir, das ist ja nicht mehr Katie. Es ist einfach Materie. Denk nicht mehr daran! Schließlich kam der LKW, eine große Metalltonne auf Rädern, die sich nach oben öffnen lässt. Schon einmal hatte ich mit diesem Wagen Bekanntschaft gemacht, den Geruch, der von ihm ausging, konnte ich tagelang nicht vergessen. Aus einiger Entfernung beobachtete ich nun, wie der Fahrer ausstieg und lange Gummihandschuhe überzog. Wie er Katie aus der Garage zerrte. Wie er einen kleinen Hebekran über das Tier senkte – von da an schaute ich weg. Wie beim letzten Mal hing der eindringliche Geruch zahlreicher verwester Leiber noch eine Zeitlang in der Luft.

Was geschah nun mit Katie, mit toten Pferden und Zootieren, mit eingeschläferten Katzen und Hunden? Ich rief beim Veterinäramt an. Die Körper werden zerkleinert, auf 133 Grad erhitzt, die Fette und Reste zur Energiegewinnung verbrannt. Aus den Fetten regulärer Schlachtabfälle, erzählte mir der Veterinär, macht man gelegentlich Seifen, zumeist aber Industriefette. «Zum Beispiel solche, mit denen Eisenbahnwaggons gepuffert werden.»

Ja, warum auch nicht? Dagegen lässt sich wirklich nichts sagen. Schon gar nicht von einer, die an die Löwen im Zoo verfüttert werden will. Das ist ganz gesunder Pragmatismus, es fehlt nicht an Ethik. Nur fehlt es an Würde. Es kommt einem nicht ganz anständig vor, die Körper geliebter Wesen solch einem Stinkewagen zu übergeben, und andererseits ist doch nichts wirklich Unmoralisches daran.

Ich war auf Distanz zu dem Fahrer des Wagens geblieben, obwohl auch der ja nur tat, was halt irgendjemand tun muss. Sicher

ist er bereits gewöhnt, dass die Menschen ihm nicht die Hand geben. Ein einsamer Beruf, nehme ich an, vielleicht stumpft man ab, das könnte man niemandem verdenken.
Doch als der Kran zurück an seinen Platz schwenkte, bevor sich die Öffnung wieder schloss, bückte sich der Mann, hob etwas vom Boden auf und warf es Katie hinterher. Später ging ich nachschauen, was es gewesen sein konnte: der Blumenstrauß.

BITTE KEINE MUTTERMILCH IN MEINEN KAFFEE

Als ich vor mehreren Monaten mit dem Angestellten der hiesigen Tierkörperverwertungsanstalt sprach, erhielt ich eine Antwort, die mich erstaunte. Und zwar hatte mir der Mann gerade am Telefon die verschiedenen Rubriken von Tierabfällen erklärt und versichert, dass entgegen anderslautenden Gerüchten heutzutage keine Seife mehr aus den Fetten hergestellt werde, die aus Schlachtresten gewonnen werden. Ich weiß nicht, was stimmt, aber das Erstaunliche war seine Begründung. Ich fragte also, ob zum Beispiel aus Schweineresten Seife hergestellt würde, und er sagte: «Um Himmels Willen, wie soll das denn gehen? Stellen Sie sich mal vor, Sie würden sich tote Schweine ins Gesicht schmieren!»
Ich antwortete wahrheitsgemäß, dass das für mich eine ziem-

liche Horrorvorstellung sei. Dabei verschwieg ich aber, dass ich es für sehr wahrscheinlich hielt, dass sein eigenes Gesicht ohnehin häufig mit totem Schwein in Berührung kam. Allerdings nicht per Haut, sondern mit der Zunge.

Ich erinnere mich auch an einen ganz anderen Vorfall aus dem letzten Jahr, als eine Nachbarin und ich nachts einen toten Marder neben der Straße fanden. Ich nahm ihn am Fell und trug ihn über die Straße zu einer Wiese. Die Nachbarin bedankte sich, dass ich das übernommen hatte; sie hätte es unschön gefunden, wenn zig weitere Autos das Tier zu Matsch gefahren hätten – aber sie selbst, sagte sie, hätte es nicht anfassen können.

Auch sie ist Fleischesserin. Dieser Marder war äußerlich unversehrt und vor kurzem erst gestorben, die Verwesung hatte noch nicht begonnen. Ein Steak muss tagelang «abhängen», und ein guter Schinken kann schon einmal Monate «gereift» sein. Fasst sie ihn etwa nicht an, wenn sie sich eine Scheibe aufs Brot legt?

Nun, keine Sorge, liebe fleischessende Leserinnen und Leser, ich will Sie hier zu nichts überreden. Ich will Sie einfach nur einladen, mit mir zu staunen über die Wesen, die wir Menschen sind: So viel Kopf, so viel Hirn, so viel Fantasie, so viele Unterschiede, so viele Facetten, verschiedene Ebenen. Was wir tun, folgt nicht einfach der Logik. Es ist verwickelt und verwurschtelt, positiv ausgedrückt: komplex. Und besonders faszinierend ist, wie im Falle des Essens alle Kategorien durcheinanderpurzeln und kulturelle Grenzen, die so «logisch» sind, dass sie *Alice im Wunderland* entstammen könnten, einen gewaltigen Unterschied machen. Im TV-Dschungelcamp ist es eine Mutprobe, eine Kakerlake in die Hand zu nehmen; aber in der Zivilisation selbst werden viele Lebensmittel nach wie vor mit Karmin (Cochenille, E 120) gefärbt, also dem roten Farbstoff aus weiblichen Schildläusen. Die Nürnberger Bratwurst ist eine fränkische Spezialität, die aber letztens teurer wurde, weil man

sie zumeist mit iranischen Schafsdärmen herstellt, deren Preis seit dem Öl-Embargo gegen Iran gestiegen ist.
Wir essen nicht vornehmlich die Dinge, «wie sie sind», sondern die, als die wir sie ansehen. Ich selbst lebe seit einigen Jahren vegan, konsumiere also keine tierischen Produkte. Einige Besuche auf Bauernhöfen der Umgebung hatten den Anstoß gegeben; es war grausam, die Kälber ohne ihre Mütter aufwachsen zu sehen. Doch nahm ich mir fest vor, kein «garstiger» Veganer und keine Plage für meine Freunde zu werden; wenn ich eingeladen wäre, würde ich weiterhin Käse, Milch und Joghurt essen.
Dergestalt waren also meine Vorsätze, nur klappte es mit der Umsetzung nicht. Die Veränderung vollzog sich langsam, aber unaufhaltsam. Ich begann, den Geruch von Milch deutlicher wahrzunehmen. Ich konnte die Milch immer weniger trennen von ihrer Herkunft, dem Euter, also gewissermaßen der «Brust» einer Kuh. Ich weiß nicht, ob Sie einmal aus Versehen das Eisfach im Haushalt einer jungen Mutter geöffnet haben. Ich habe das vor Jahren einmal getan; da lagen mehrere kleine Tüten mit abgepumpter Muttermilch, tiefgefroren. Nicht unbedingt das, was man «eklig» nennen würde. Aber nie hätte ich mir davon etwas in den Kaffee getan, schon vor Anbruch meiner veganen Zeiten nicht! Allerdings: Vielleicht suchte ich damals, im selben Kühlschrank, nach einem Tetrapak mit der Milch einer Kuh.
Jetzt habe ich diese Kolumne einer nicht-veganen Freundin vorgelegt. Sie findet das Ganze ein bisschen unappetitlich; nächstes Mal soll ich lieber über etwas Erquicklicheres, etwa über meine Schafe schreiben. Das mache ich gerne. Aber warum ist das Beschreiben eklig, und das Beschriebene nicht?

DIE VERGESSENE GESCHICHTE

Manchmal fühlen wir uns wie die Avantgarde. Öfter noch bekommen wir vorgeworfen, etwas so Verrücktes zu propagieren wie niemand zuvor in der Geschichte der Menschheit. Doch Tatsache ist: Wir sind gar nicht die ersten. Wir heutigen Veganer sind nicht die ersten, die erkennen, dass «Fleisch» getötete Körper sind; dass Gewalt darin liegt, der Tiermutter das Kind zu entreißen. Es ist nur wie so oft in der Geschichtsschreibung: Die offizielle Version wird von den Siegern erzählt. Aus vielen, möglicherweise allen Zeiten gibt es Zeugnisse von Menschen, die unseren Gebrauch der Tiere ungerecht fanden; der Strudel der Geschichte machte bald wieder unsichtbar, was sie versuchten. Doch manchmal taucht ein Bild, ein Gedicht, eine Anekdote unvermutet wieder auf.

Drei Beispiele. Das eine fand meine Mutter, die sich für das Alte Ägypten interessiert, in einem Museumskatalog. Es stammt aus Westtheben vom Sarkophag der Hofdame oder Königsgeliebten Kawit, aus dem Totentempel Mentuhoteps II. in Westtheben. Das steinerne Relief zeigt eine Kuh, an deren eines Vorderbein ihr Kälbchen mit einem Strick gebunden ist, damit es nicht an das Euter kommt, während jemand die Kuh melkt. Dem Auge der Kuh entrinnt eine große Träne, offensichtlich – und gemeinhin auch so interpretiert – weint sie, weil das Kalb die Milch nicht bekommt, die der Mensch ihr gerade nimmt.

Was mag sich der Bildhauer gedacht haben? Die Szene ist für viele Interpretationen offen, aber eines ist doch über die immerhin 4000 dazwischenliegenden Jahre hinweg unstrittig: Der Bildhauer beobachtete das Wegnehmen, er erkannte

die Mutterliebe und den Schmerz an; übrigens mit viel mehr Sensibilität als die heutige Milchwirtschaft, in der man das Kalb noch am Tag der Geburt in die Plastikhütte fern der Mutter bringt.

Oder da gibt es die Geschichte von Rabia, der islamischen Mystikerin und Vegetarierin. Es wird überliefert, wie Rehe oder Gazellen ihre Nähe suchten; aber als ein Bekannter sie besuchte, liefen die Tiere weg. Er war ein wenig gekränkt, und sie fragte ihn: «Was hast du als letztes gegessen?» – «Schmalz.» – «Und da wunderst du dich noch?» – Wir können hier an die Psychologin und Tierrechtlerin Melanie Joy denken, die Tierfreunde immer wieder anregt, sich einmal zu fragen, warum sie die einen essen, während sie die anderen streicheln?

Rabia lebte im achten Jahrhundert im heutigen Irak; in Bagdad und in Nordsyrien lebte gut zwei Jahrhunderte später der Dichter und Freidenker Abul ʿAla Al-Maʿarri. Unglaublich aktuell klingen seine ethischen Mahnungen:

Begehre nicht das Fleisch geschlachteter Tiere zu essen
Oder die weiße Milch der Mütter, die doch zugedacht ist
ihren eigenen Jungen, nicht wohlhabenden Damen.
Und betrübe den arglosen Vogel nicht, indem du ihm die Eier nimmst;
Denn Ungerechtigkeit ist das schlimmste Verbrechen.
Und lass ab von dem Honig, den die Bienen so fleißig
Von den Blüten duftender Pflanzen sammelten;
Denn sie haben ihn nicht gesammelt, damit ihn andere erhalten.

Anscheinend ist Al-Maʿarri erst im fortgeschrittenen Alter zur rein pflanzlichen veganen Lebensweise gewechselt, denn das Gedicht endet mit den Zeilen:

Ich habe meine Hände von all dem reingewaschen und wünschte mir nur
Ich hätte zu diesem Weg gefunden, bevor meine Haare ergrauten!

Diesen Wunsch kennen heute viele langjährige Vegetarier, auch ich, die wir jahrzehntelang kein Fleisch aßen und vergaßen, dass die Milch- und Eierproduktion genauso grausam und ebenfalls mit dem Tod im Schlachthof verbunden ist.

Aber ist das nicht paradox? Einerseits ist der Veganismus eine moderne Bewegung, eine Antwort auf die zunehmende Industrialisierung der Tierhaltung, bei der der Kapitalismus Reproduktion, Wachstum, Körper und Tod in den industriellen Prozess gezwungen und bis zur Unkenntlichkeit deformiert hat.

Und andererseits ist der Impuls, im Tier das fühlende Lebewesen anzuerkennen, das sein Kind, seine Milch, seine Vorräte behalten will, uralt, vielleicht viel älter als die ersten kulturellen Zeugnisse der Menschen.

Hätten diese früheren Menschen bereits ohne Fleisch, Eier und Honig (über)leben können? Vermutlich nicht. Heute ist es umgekehrt. Nitrat im Grundwasser, Regenwaldabholzung für Tierfutter, Antibiotikaresistenzen: Es steht zu befürchten, dass das weitere Überleben der Menschheit durch unsere Tierindustrie eher gefährdet ist.

EINES TAGES HAT ES «KLICK» GEMACHT

Eigentlich soll man ja keine Tramper mitnehmen, aber dieses Mal hab ich es doch gemacht. Der Tramper war jung, sein Rucksack war groß, und es hatte angefangen zu regnen. Es stellte sich heraus, dass er erst siebzehn war, und vor allem: Er war, wie ich, Veganer. Das gab Gesprächsstoff genug für die nächste Dreiviertelstunde.

Bis vor einem Jahr, berichtet er, sei er ein begeisterter Fleischesser gewesen und habe die Aufregung um den Vegetarismus auch nicht ganz verstanden. Aber dann wurden die Klassen neu aufgeteilt, und in seiner Klasse war ein Veganer. Anscheinend argumentierte der ziemlich routiniert. Bei allen möglichen Themen kam er, ob die Lehrer das nun wünschten oder nicht, mit irgendeiner Tierschutzproblematik an. Er war schrecklich gut informiert, und der Tramper unterhielt sich immer öfter mit ihm. «Ich war eigentlich immer noch nicht seiner Meinung, aber was er erzählte, hat mich halt interessiert. Und eines Tages hat es dann «klick» gemacht. Ich hab plötzlich eingesehen: Der hat ja recht! Natürlich ist es falsch, Tiere zu töten und zu essen. Wir haben zu Hause ja selbst einen Hund, den würde ich auch nie essen.»

Er wurde Vegetarier, nach ein paar weiteren Monaten Veganer. Seine Eltern waren alles andere als entzückt. Sie machten sich Sorgen um seine Ernährung, demnächst wird er daher zu einer spezialisierten Ernährungsberaterin gehen. Die Eltern scheinen aber auch aus anderen Gründen ein Unbehagen zu empfinden. «Vielleicht, weil sie wissen, dass ich eigentlich recht hab?», vermutet er. Dabei spricht er sehr respektvoll von seinen Eltern. «Das Problem ist nur: Ich wohne ja noch zu Hause, und ich muss halt essen, was sie kaufen.» Derzeit sei seine Ernährung nicht

sehr ausgewogen, gesteht er. Aber dann halt später – er hofft auf später.

Außerdem macht er sich Sorgen um seine Freundin. «Die ist auch Vegetarierin geworden, bei ihr ging es noch schneller als bei mir. Aber den Schritt zum Veganen … Also ich will eigentlich nicht, dass sie vegan wird.» Warum nicht? Weil die Freundin früher einmal Essstörungen hatte, die wurden erfolgreich therapiert; doch der Tramper hat Angst, dass sie durch eine Essensumstellung wieder Gewicht verlieren könnte. «Ich sage ihr immer, jetzt lebst du erst mal vegetarisch. Später, wenn du selbst einkaufen kannst und kochen, kannst du dich vegan ernähren.» Mit ihren Eltern läuft es noch schlechter als bei ihm, ihr Vegetarismus besteht notgedrungen eher im Weglassen als im Hinzufügen oder Ausprobieren.

Wieder spricht er von diesem «Später». Mir fällt auf, wie wenig ich weiß über Menschen dieses Alters. Ein Jahr sind die beiden bereits zusammen. Ich hatte gar nicht geahnt, dass Teenager solch behutsame, verantwortungsvolle Beziehungen führen, in denen man an sämtlichen seelischen Schieflagen des anderen Anteil nimmt. Mir war auch nicht klar gewesen, wie oft sich Menschen allein durch Diskussionen und Argumente überzeugen lassen. Und erst recht nicht hätte ich mir vorstellen können, dass ein junger Mensch, der dann so radikal überzeugt ist, doch die Weisheit besitzt, einen anderen damit nicht zu bedrängen.

Der Tramper und ich, wir sind beide der Meinung, dass die Freundin jetzt erst einmal die Aufgabe habe, ihr eigenes Schiffchen durch den Sturm zu bringen. Sie soll auf sich achten; er bestärkt sie darin, weiterhin Milch, Käse und Eier zu essen. «Aber es fällt ihr schwer, sie hat dabei kein gutes Gewissen», sagt er. «Sie sieht ja, dass es eigentlich keinen Unterschied macht, ob du das Fleisch direkt isst oder die Milch trinkst, denn das Kalb von der Kuh wird ja auch getötet. Oder bei den Hühnern – die männ-

lichen Küken machen die ja alle weg. Das ist auch töten, auch wenn man nur Ei isst. Eigentlich will man doch bei so etwas nicht mitmachen. Aber es ist gar nicht so einfach, man ist überall umgeben von der Gesellschaft, die das für normal hält. Bloß wenn du erst mal kapiert hast, dass es nicht normal ist, sondern falsch, dann hast du es wirklich nicht so einfach.»

Ja, das ist nicht einfach. Ich bin immerhin schon über vierzig Jahre, und mich verwirrt sie immer noch oft genug, diese Kluft zwischen mir und der Fleisch essenden Mehrheit. Was kann ich ihm da groß raten? Gar nichts kann ich ihm raten. Aber er und die Geschichte von seinem Klassenkameraden und von seiner Freundin – also die drei haben auch mir Hoffnung auf «später» gemacht.

ALLES IST VURSCHT!

Es gibt endlos viele Argumente für's Vegan-Sein. Wir beenden unsere Komplizenschaft mit einem System, das Tiere gnadenlos ausbeutet und milliardenfach tötet; wir schonen die Umwelt; wir machen zumindest einen kleinen Schritt in Richtung einer gerechteren Verteilung von Ressourcen – Land, Wasser, Nahrung – zwischen allen Menschen.

Und auch ich glaube, wie viele andere, dass die vegane Ernährungsweise gesünder ist. Aber ich schreibe nicht ohne Grund, dass ich's nur glaube. Denn nach allem, was so nach außen dringt, ist die Ernährungswissenschaft eine ähnlich präzise Wissenschaft wie die Wettervorhersage, sprich, es herrscht wildes Raten und Spekulieren.

Auf jeden, der meint, dass tierisches Protein die Calciumaufnahme hemmt und dass somit bei Veganern das Osteoporoserisiko sinkt, kommt ein anderer, der umgekehrt meint, man müsse Osteoporose mit Milch vorbeugen. Sowie ein Dritter, der meint, Veganismus lasse blaue Punkte auf der Nase sprießen. – Gut, dann laufe ich halt mit blauen Punkten herum. Aber unser Hauptargument beruht doch nicht auf der Bekömmlichkeit dieser oder jener Nahrung! Klar ist Veganismus unheimlich gesund – aber bombenfest erwiesen ist das eben erst für die Tiere, die wir nicht quälen und essen, und nicht für uns Menschen.

Dennoch gibt es Veganer, denen die erwähnten Vorzüge offenbar nicht genug sind. Es reicht ihnen nicht, die Tiere, die Erde und die Hungernden zu retten. Nein, sie wollen noch höher hinaus, möglichst bis zur Unsterblichkeit. Sie schöpfen Hoffnung aus Fotos von neunzigjährigen Veganern, die aussehen wie fünfzig. Gut, die mag es geben, aber unter den fast sieben oder sechs Milliarden Fleischessern wird's wohl auch welche geben, die mit neunzig noch schöne Haut haben. Und wenn die sogar noch schönere Haut haben, essen wir alle dann wieder tote Tiere?

Wenn ich rekapituliere, was für Wundermittel gegen Krebs mir in den letzten Monaten auf veganen Facebook-Seiten angepriesen wurden, könnte man meinen, dass Veganer überhaupt nie sterben. Denn irgendetwas, das sie verzehren, wunderheilt doch immer. Gefrorene Zitronen («einfach nur bisschen was übers Essen reiben»), aber auch alles, was aus dem heimischen Garten kommt, was man von einem Baum abschneiden kann und irgendwie grün ist.

Im Grunde muss man auch nur ganz wenig Zaubergemüse essen, es besitzt ja unglaublich viel Nährwert. Neulich las ich, Gurken enthielten 50 Prozent und Tomaten 40 Prozent Eiweiß. Da wagen es Schulmediziner doch tatsächlich, zu denken, Gurken be-

stünden vor allem aus Wasser! In den Delirien rohköstlicher Esoterik weiß man es besser.
Dieses Hochloben von Wundernahrung ist eine Frechheit angesichts von Krebskranken, die sich tapfer von Chemotherapie zu Chemotherapie mühen und damit einen Lebenswillen beweisen, von dem wir Gesunden nicht einmal etwas ahnen. Sind sie selbst schuld an ihrem Krebs, weil sie nicht immer gefrorene Zitrone parat hatten? Oder müssen wir nicht letztlich alle dieselbe bittere Pille schlucken: Wir Menschen sind verletzliche und potentiell gebrechliche Wesen.
Auch gesunde Veganer werden Knieschmerzen haben, Hüftoperationen, Schlaganfälle, Herzinfarkte. Irgendwelche körperlichen Funktionen lassen bei jedem mit dem Alter nach, und an irgendetwas werden wir schließlich sterben. Keine schöne Vorstellung.
Aber warum können wir uns nicht schon jetzt eingestehen, dass auch wir selbstverständlich nicht die volle Kontrolle über unsere Körper haben – ganz gleich, was wir essen, ganz gleich, wie wir turnen? Lebewesen kommen auf die Welt, wachsen heran, siechen und sterben.
Es ist doch nicht Ablehnung der Biologie um uns herum und der eigenen Körper, die uns hat vegan werden lassen, sondern gerade die Verbundenheit mit anderen Tieren. Wir sind mit ihnen verwandt und teilen mit ihnen, dass wir körperliche Wesen sind, und Körper sind eben verletzlich und vergänglich.
Übrigens: Diese Körper werden auch runder. Weicher. Ach was, ich trau mich, das böse Wort auszusprechen: dicker! Jawohl, nicht alle, aber viele menschliche Körper legen bei guter Ernährungslage und zunehmendem Alter Fettreserven an. Fett ist der neue Dracula: Manche Leute müssen sich eine Fettzelle nur vorstellen und fangen schon an, sich zu fürchten!
Aber es ist nicht böse, dick zu sein. Ich zum Beispiel bin gerne so

großzügig gepolstert; ich mag, wie es aussieht und wie es sich anfühlt. Ganz nebenbei laufe ich damit als Werbung für das leckere vegane Essen durch die Gegend, und immerhin sind es ja ehrlich erworbene Pfunde.

Womit ich nicht sagen will, dass sich jetzt alle mehr anfuttern sollen – sondern dass es schlicht wurscht ist, welches äußere Format Veganer haben. Vurscht, sozusagen. In der veganen Bewegung (und auch sonst) ist Platz für Dicke und Dünne, Glatte und Faltige, Bewegliche und Couch-Potatoes – auch für Zitronen und proteinreiche Tomaten natürlich. Nur halt nicht für Lookism und Ageism! Die, nebenbei bemerkt, in perfektem Einklang mit der kapitalistischen Logik stehen, die die Ausbeutung der Tiere perfektioniert hat.

Mit das Schönste am ethischen Veganismus ist für mich, dass sich in ihm so viele progressive Anliegen kreuzen: Veganismus ist eben nicht nur Engagement für's Tier – und dabei gegen den Menschen. Oder nur für ein paar Menschen, dann aber auf Kosten der Umwelt. Oder nur zum Schutz der Umwelt, aber zu Ungunsten mancher Tiere (die angeblich zu dieser Umwelt nicht passen).

Beim Veganismus kommt alles zusammen, und während man das eine tut, muss man sich das andere nicht vorwerfen. Wieso sollten wir diese schier einmalige Position verlassen? Wieso sich in unnötige Komplizenschaft mit anderen Formen des Ausschlusses – von Älteren, Dickeren, Kränkeren – begeben? Wieso nicht bei der Grundaussage bleiben: Wir Menschen sind auch Tiere. Wir wollen mit anderen Tieren möglichst verträglich und gewaltfrei leben. Wir wollen leben und leben lassen.

HÄLT MICH DIE VOGELWELT FÜR MINDERBEMITTELT?

Vor etlichen Jahren ist die Biologin Anja Wasilewski für ihre Doktorarbeit der Frage nachgegangen, ob Pferde, Esel, Kühe und Schafe Freundschaften untereinander pflegen. Ergebnis: Ja, solche Freundschaften gibt es. Schafe zum Beispiel befreunden sich vor allem mit ähnlich alten Tieren und lagern und grasen dann viel in deren Nähe.

Ich erzähle davon gerne, wenn sich Besucher zum ersten Mal meiner Schafherde nähern. Zunächst einmal sehen die Besucher nämlich nur: Wolle. Dann merken sie: Manche Wolle ist weiß, andere braun, und bei manchen Wollhaufen gucken oben Hörner heraus. Diese Menschen nähern sich also zunächst einer unbestimmten Masse «Schaf» und lernen erst allmählich, einzelne Tiere zu unterscheiden. Die Nachricht, dass diese Tiere Freundschaften zu bestimmten anderen Herdenmitgliedern pflegen, nehmen die menschlichen Gäste meist mit einem Ausdruck höchster Überraschung auf.

Und auch ich fand es zunächst beeindruckend, dass Schafe solche dollen Sachen können wie … Freundschaften. Doch ist das nicht ziemlich naheliegend? Schafe sind soziale Tiere. Sie müssten reine Fress- und Liegemaschinen sein, wenn sie einander nicht individuell erkennen, gegebenenfalls präferieren und sich dann eben miteinander befreunden könnten. Genau das allerdings: dass Tiere Maschinen seien, hat man uns ja lange genug einzureden versucht.

Vermutlich erstaunt die Freundschaft der Schafe auch gerade deswegen, weil für die meisten Menschen ein Schaf wie das andere aussieht. Schafe allerdings erinnern sich zwei Jahre lang an die Gesichter von Menschen, die sie versorgt und gefüttert haben.

Auch Krähen, Tauben und Spottdrosseln können menschliche Gesichter voneinander unterscheiden. Nach einer gewissen Zeit der Einprägung picken Tauben gezielt einzelne Gesichter auf dem Foto einer Menschenmasse heraus. Krähen erinnern sich nicht nur an einzelne Personen, sondern nehmen gelegentlich sogar an ihnen Rache. Dies mussten amerikanische Studenten am eigenen Leib erfahren, nachdem sie einige ortsansässige Krähen zu Untersuchungszwecken eingefangen und vermessen hatten. Eine Woche lang konnten sie sich auf dem Campus nicht mehr unbehelligt bewegen. Spottdrosseln wiederum erkannten Versuchspersonen, die die Bäume, wo ihre Nester lagen, erklettert hatten, nach nur zwei mal dreißig Sekunden.
All solche Befunde werden von Wissenschaftlern als Hinweise auf bestimmte Formen tierischer Intelligenz interpretiert – natürlich nur «vorsichtig», weil jeder fürchten muss, man zeihe ihn sonst des Anthropomorphismus, also der Vermenschlichung. Im Mittelalter hielt man Tiere für fähig, Verbrechen zu begehen, und stellte sie gelegentlich vor Gericht. Heute machen wir den umgekehrten Fehler. In unserer Vorstellung sind Tiere so bar jeder Intelligenz und jedes Differenzierungsvermögens, dass jedes Quentchen sozialer und kognitiver Fähigkeiten erst «vorsichtig» nachgewiesen werden muss. Ein paar Jahrhunderte neuzeitlicher Naturwissenschaft haben gereicht, damit es uns bereits vom Hocker haut, wenn wir erfahren, dass ein Tier Freund von Feind zu unterscheiden weiß.
Übrigens sind meine Schafe nicht nur freundschaftsfähig, sondern auch neugierig. Einmal hängte ich eine frisch gewaschene Decke zum Trocknen über ihren Zaun. Den ganzen Nachmittag konnte ich eine Parade staunender Schafe beobachten. So eine Decke, auf ihrem Zaun – das hatten sie ja noch nie gesehen!
Mit großer Geduld verfolgen sie auch alljährlich das Einlagern der Kartoffelernte in die Scheune gegenüber. Die Blicke der

ganzen Herde sind auf die Traktoren ausgerichtet wie Eisennägel auf einen Magneten. Einmal habe ich mich darüber lustig gemacht, wurde aber prompt zurechtgewiesen – von zwei Gästen, die erfahrene Weltreisende sind. Solch ein Verhalten sei ganz normal, auch unter Menschen. In Gegenden, wo «wenig los» sei, etwa in entlegenen Gebieten Zentralasiens, eile das ganze Dorf zusammen, wenn bloß ein Bus entladen oder ein Gullideckel hochgehoben würde. Sie selbst, berichteten meine Gäste, hätten nach mehreren Monaten Fernseh- und Zeitungsentzug genauso reagiert.

Es ist also nicht so, dass meine Schafe dumm sind. Eher bin ich es, die ihnen zu wenig Abwechslung bietet. Hält mich die hiesige Vogelwelt gar für minderbemittelt? Fast jeden Tag plündern ein paar Krähen meine Körnervorräte neben dem Gänsestall. Die haben bestimmt gemerkt, dass sie von mir nichts zu befürchten haben. Schon weil ich ihre Gesichter ja kein bisschen auseinanderhalten kann.

DOCH KEIN UHRWERK

Schweine erkennen sich selbst im Spiegel, Krähen lassen Nüsse von Autos knacken, Schafe schließen untereinander Freundschaften, und Elefanten trauern, wenn ein Mitglied der Herde gestorben ist: Bei jeder Zeitungsmeldung zu den kognitiven und emotionalen Leistungen der Tiere sind wir beeindruckt und bewegt, dass Tiere so vieles vermögen, was man ihnen gar nicht zugetraut hätte.

Aber warum hätte man es ihnen nicht zugetraut? Ist es denn überraschend, dass Herdentiere sozial empfinden oder dass intelligente Tiere ihre Umgebung erforschen und nutzen? Noch in jedem solchen Staunen zeigt sich der Nachhall von Descartes' Ansicht, dass das Innere der Tiere mit einem Uhrwerk zu vergleichen sei (und ihre Schmerzenschreie während der Vivisektion mit dem Quietschen eines Rades). Erst langsam strampeln sich Philosophie und Biologie von dem ungeheuren Joch frei, das diese Lehre unserem Denken über das Tier auferlegt hat.

Nicht nur Jane Goodall hat berichtet, wie oft sie einer Vermenschlichung von Tieren bezichtigt wurde, weil sie den beobachteten Schimpansen Namen gab statt Nummern. Bis heute halten sich Forscher bedeckt, wenn sie von tierischen Freundschaften sprechen, sondern nennen sie lieber «enge Sozialkontakte unter nicht-verwandten Tieren». Zu sagen, dass Tiere neugierig sind und sich in Gefangenschaft langweilen, gilt als anthopomorphistisch; wissenschaftlich muss es heißen: «Wild lebende Exemplare zeigen ein ausgeprägtes Erkundungsverhalten.»

Dabei ist der Descartes'sche Uhrwerks-Vergleich unverkennbar vor-darwinistisch. Vielleicht war es im Zuge der neuzeitlichen Emanzipation des Menschen aus der Zange kirchlicher und weltlicher Autoritäten notwendig oder zumindest hilfreich, die Stellung des denkenden Menschen etwas zu überhöhen. In einem evolutionsbiologisch belehrten, zumal demokratischen Zeitalter hat solches Denken aber keinen Platz mehr: Denn die Evolution hat nicht alle Subjektivität, alle Gefühle, alles Denken auf einen Schlag erschaffen, und zwar zufälligerweise genau mit dem Erscheinen des Menschen. Sondern wir teilen Empfindungsfähigkeit und subjektives Bewusstsein mit unseren tierischen Verwandten. Tiere sind keine Maschinen, und übrigens ist auch der Mensch ein Tier unter Tieren. Unsere Moral muss lernen, dem endlich Rechnung zu tragen.

JA, SIE KÖNNEN DENKEN!

Sehr nachdenklich gemacht hat mich ein Buch des Philosophen Will Kymlicka und seiner Frau Sue Donaldson: *Zoopolis* (Suhrkamp Verlag 2013). Es handelt davon, dass wir Tiere in viel stärkerem Ausmaß als soziale Gegenüber und gleichsam Gesellschaftsmitglieder verstehen sollten. Kymlicka und Donaldson meinen, domestizierte Tiere seien ja gerade dazu gezüchtet worden, sich mit uns zu verständigen, ihre Handlungen mit uns abzustimmen. Zwischen ihnen und uns gebe es soziale Kooperation. Ehrlich gesagt dachte ich zunächst: Die spinnen. Dann fielen mir, angeregt durch die Lektüre, immer mehr Beispiele ein, die diese These eigentlich stützen. Ich fragte mich: Vielleicht spinne ich selbst – oder warum habe ich das noch nie so gesehen?

Zum Beispiel erinnerte ich mich an die Kühe, die ein Nachbar eines Tages in meinen Schafstall verbracht hatte, als ich gerade im Supermarkt war. Ich kam nach Hause, schaute zum Stall – und sah die riesigen, behörnten schwarzen Köpfe dreier Welsh Black Kühe. Eine davon war zahm, die anderen sehr scheu. Das Gras an meinem Schafstall schmeckte ihnen nicht. Jeden Morgen trotteten sie weit weg auf die Nachbarweide und kamen abends in einer kleinen Prozession wieder zurück. Wie sie so durchs hohe Gras schaukelten, ließ einen an Kolumbus' Schiffe denken: Nina, Pinta, Santa Maria.

Einmal ging ich durch den Garten und, sah, dass eine der scheuen Kühe mich anblickte und laut anfing zu muhen. Sie hatte den Wassertrog leer getrunken. Sie wollte Wasser. Sie ließ sich nicht anfassen, lief sogar vor mir weg – aber sie hatte rasch kapiert, dass ich hier der zuständige Mensch war. «Du kannst das mit dem Wasser – gib uns welches! Jetzt!»

Oder nehmen wir meine beiden Gänse. Sie zeigen Geduld, wenn ich mal ihr Frühstück vergesse (schließlich haben sie den ganzen Garten voll Gras). Aber auch die Geduld einer Gans reicht nicht ewig. Als eines Tages meine Mutter zu Besuch war und sich zum Lesen auf die Terrasse setzte, fingen die Gänse an, vor ihr auf und ab zu patroullieren und dabei laut zu krakeelen. Meine Mutter konnte keinen klaren Gedanken fassen – bis sie mich holte und mir auffiel, dass das Gänsefrühstück noch fehlte.
Diese Gänse können sehr wohl zwischen verschiedenen Menschen unterscheiden – zu mir sind sie viel weniger aggressiv als zu anderen. Aber anscheinend kennen sie auch, wie jene Kuh, das allgemeine Konzept «Mensch». Das ist keine geringe kognitive Leistung. Viele Philosophen haben lange behauptet, dass Tiere nicht denken könnten (weil sie ja nicht sprechen können); somit könnten sie angeblich auch keine Kategorien bilden. Doch sie können!
Was das Lesen der Körpersprache, auch von uns Menschen, angeht, sind Schafe als Herdentiere besonders erstaunlich. Seit Jahren creme ich meinem Schaf Joylein, das eine defekte Harnröhre hat, abends den Po ein. Erst kürzlich fiel mir auf, dass er dabei – völlig freiwillig – kooperiert. Wenn ich ihn eincreme, hebt er seinen Schwanz an, damit ich überall gut hinkomme. Niemand hat ihn darauf je trainiert. Auch sein Bruder Josh kam, als er eine Augenentzündung hatte, mehrmals täglich herbeigerannt, um seine Salbe «abzuholen». Die Salbe brannte ein wenig. Trotzdem wusste Josh anscheinend: Die kann mir helfen, die meint es gut.
Am rührendsten aber fand ich, wie der kleine Hammel Tuff – ein bildhübscher Kerl mit ehedem vier prächtigen Hörnern – kürzlich auf mich zuging. Vor ein paar Wochen stand Tuff blutüberströmt auf der Weide; ein Horn fehlte. Das hatte er sich in der Heuraufe abgerissen. Der Tierarzt sagte, eventuell sei es gar

eine Schädelfraktur. 24 Stunden lang flüchtete sich Tuff unter eine Baumgruppe fern der Herde; stand wie paralysiert da, aß nicht, schlief nicht. Es muss höllisch wehgetan haben.

Allmählich wurde es besser. Aber damit die Fliegen keine Eier in die Wunde legten, musste ich Tuff alle paar Tage einsprühen – er mochte das nicht, ich fing ihn ein, sprühte ihm brennendes Desinfektionsspray in die ziemlich große Wunde. Er zappelte und bockte.

Doch Tuff wurde zahm, durch diese Behandlung. Letzte Woche kam er auf mich zu, von sich aus, ganz langsam. Streckte mir seine Nase entgegen, ließ sich kraulen. Wenn ich aufhörte, wackelte er leicht mit dem Kopf: weiterkraulen! Nie zuvor hatte sich dieses Tier freiwillig anfassen lassen. Ausgerechnet durch die unliebsame Behandlung war ihm anscheinend klar geworden, wozu ich gut bin. Ja, Kymlicka und Donaldson haben recht: Wir alle sind soziale Tiere, und so sind soziale Tiere zueinander. Das ist Verständigung, das ist Kooperation.

DAS SIND JA GANZ NEUE ERKENNTNISSE

Die Zeitschrift *Schweizer Familie* informierte neulich über bahnbrechende neue Forschungen an Schafen. Und zwar erforscht eine Doktorandin der Universität Zürich am staatlichen Forschungszentrum Agroscope die Reaktion von Schafen auf ihre Umwelt. Dazu wurden ihr neunundzwanzig «Assistentinnen» zugeteilt und diese entweder in einer «Absteige» oder einem «Grand Hotel» untergebracht.

Gut, für die bescheuerten Formulierungen der Zeitschrift kann die Doktorandin nichts. Jedenfalls sind die «Assistentinnen» in zwei Gruppen unterteilt: Die eine darf nie raus, sieht kein Tageslicht; ab und zu wird das Futter zwar nachgefüllt, so dass die Tiere es hören und riechen, aber nicht erreichen können; zeitweise wird ihnen das Wasser gesperrt. Die anderen Schafe haben Zugang zur Weide, doppelt so viel Platz und immer Futter und Wasser. Anhand der Ohrbewegungen, durch Blutproben und mit Infrarotsensoren wird die emotionale Verfassung der Tiere bestimmt. Zur Stimulation werden die Tiere gekrault (positiv), gedrückt (neutral) oder gekniffen (negativ).

Ergebnisse dürfen vor Projektende noch nicht bekannt gegeben werden, doch der *Neuen Zürcher Zeitung* gegenüber hat die Doktorandin bereits verraten, es sei auffällig, «dass die ‹Negativschafe› auf äußere Reize rascher, nervöser reagieren, aber dankbarer sind für positive Stimuli, während die ‹Positivschafe› gelassener wirken.» – Man versteht sofort die Notwendigkeit strengster Geheimhaltung. Wer gestresst wird, ist auch gestresst … Sollte sich diese Hypothese bewahrheiten, müsste die Geschichte der Schafsforschung, ach was, der Psychologie insgesamt neu geschrieben werden!

All dies geschieht natürlich zum Wohl der Tiere in der Landwirtschaft. So wie auch eine Unmenge weiterer Forschung, deren Ergebnisse man in Fachpublikationen nachlesen kann. Um zum Beispiel zu erfahren, wie wichtig Hühnern die Reinigung des Gefieders im Staubbad ist, installiert man Türchen, die die Versuchshühner aufdrücken müssen, um an Erde zu gelangen. Die Hühner drücken die Türchen. Ergo ist ihnen das Staubbad wichtig.

Wie viel liegt Sauen kurz vor der Geburt an Nestbaumaterial? Wieder baute man Türchen. Die Sauen drückten sie auf. Nestbaumaterial ist ihnen sehr wichtig.

Anmerkung: Weder haben Hühner seither Gelegenheit zu einem Bad in sauberer Erde noch Sauen Nestbaumaterial erhalten. Aber gut, dass wir drüber gesprochen haben! Neueren Versuchen zufolge ist eine Sau zumindest teilweise zufriedenzustellen, indem man ihr vor der Geburt einen Jutesack hinlegt, den sie pseudo-nestbaumäßig bearbeiten kann. Vorteil: Die Geburt verläuft leichter, die Sau ist ruhiger, und die Hormongaben können gesenkt werden. Und schon hat sich die Investition in den Jutesack (90 Cent) für den Landwirt gelohnt!

Tschuldigung, aber in meinen Augen ist so etwas nicht Forschung, sondern Verarsche. Und zwar Verarsche von Tieren – sowie von uns Menschen, die wir als Bürger solche Versuche ja mitbezahlen. Dabei weiß jeder Hühnerhalter auch so, wie dringend Hühner staubbaden wollen. Und jeder Landwirt weiß, dass Sauen vor der Geburt den leeren Betonboden mit dem Rüssel absuchen, als ob sich dort etwas zusammen schieben ließe. Als Schafhalterin weiß ich, dass meine Tiere hinaus wollen, auf die Weide, in die Sonne, dass sie ein exaktes Zeitempfinden haben – und dass sie, selbst wenn ich sie nicht vorher eigens durch Wasserentzug geärgert habe, gerne gekrault werden.

Manche mehr, manche weniger. Einige aber sind regelrecht kraulsüchtig: Sie stupsen mich mit ihren Vorderbeinen an, rangeln miteinander um meine nur zwei verfügbaren Hände. Sie propellern beim Kraulen mit den Schwänzen wie saugende Lämmer, verdrehen den Kopf, schlecken sich die Lippen, suchen nach besaugbaren Knöpfen oder Reißverschlusszipfeln und bekommen glasige Augen. Kurzum, sie fallen in eine Art regressive Trance wie Schmusekatzen beim «Milchtreten».

Um solcherlei herauszufinden, muss man Tiere nicht einsperren, nicht kneifen. Nur beobachten, respektieren. Man muss ihnen nur genügend Freiheiten lassen, und sie werden uns zeigen, was sie wollen und in der Landwirtschaft nie bekommen.

AFFEN UND FORSCHER

1992 wurden die Spiegelneuronen entdeckt und lieferten Antworten auf Fragen, die die Biologie schon lange bewegten: Können wir uns in andere hineinversetzen? Was motiviert Menschen (und Tiere), mit anderen zu fühlen und zu handeln? Gibt es eine biologische «Hardware» für das subjektive Phänomen der Empathie? Ja, denn Spiegelneuronen sind diese Hardware, oder zumindest ein Teil davon. Sie werden aktiv, wenn wir nur beobachten, dass ein anderer eine Tätigkeit vollführt oder Emotionen zeigt. Dann feuern sie genau dort, wo unser Hirn auch aktiviert wird, wenn wir selber handeln; nur in etwas abgeschwächter Form.

Zum ersten Mal beobachteten italienische Forscher dieses Phänomen. Eigentlich wollten sie nur untersuchen, was sich im Gehirn eines Affen abspielt, der mit der Hand Futter aufnimmt. Plötzlich sah ein Wissenschaftler, als er selbst nach einer Rosine griff, dass Neuronen im Hirn des untersuchten Makaken aktiv wurden. Alle möglichen Fehlerquellen und Varianten testete man aus. Die Forscher stellten das Futter hinter eine Sichtblende, so dass der Affe nur ihre Handbewegungen sehen konnte. Sie verwendeten andere Objekte statt Futter. Manchmal konnten die Affen nur hören, wie Nüsse geknackt wurden – immer wurden Neuronen aktiv.

Bei diesen Affen handelte es sich um Makaken. Das ist eine Primatengattung, zu der unter anderem Berberaffen, Rhesusaffen und Meerkatzen gehören. Sie leben in großen sozialen Verbänden und kennen ihre Verwandten, manchmal bis hin zum Urenkel. Meerkatzenomas helfen bei der Aufzucht der Enkel; um ein verwaistes Kind kümmern sich oft die Geschwister. Überhaupt sind Kinder allseits beliebt – sobald eine Mutter ein Kind hat,

kommen andere herbei, um es zu berühren. Wie das Forscherteam Dorothy Cheney und Robert Seyfarth herausfand, kennen viele Affen nicht nur die eigene Familie und ihre eigene Rangbeziehung zu anderen, sondern auch die Verwandtschaftslinien der anderen und deren Verhältnis zueinander. Oft verstehen sie sogar Alarmrufe anderer Tierarten.

Kurzum: Makaken sind sozial lebende, intelligente Tiere. Sie bewohnen Gebiete von vielen Hektar – in Freiheit. In wissenschaftlichen Labors landen sie natürlich nicht freiwillig. Zunächst müssen sie «lernen», in einem Affenstuhl zu sitzen. Wie ein typischer neurobiologischer Versuchsaufbau aussieht, kennt man von den Anti-Tierversuchs-Aufklebern der achtziger Jahre. Heute sieht es noch genauso aus, überall auf der Welt, auch in Deutschland. «Grundlagenforschung». Um die Hirnströme zu messen, wird den Tieren ein Loch in den Schädel gebohrt und darüber eine Kammer montiert. Elektroden werden in das Gehirn geführt. Ein Metallbolzen wird auf den Schädelknochen geschraubt und der Kopf des Affen mithilfe dieses Bolzens unbeweglich angeschraubt. Wenn die Tiere kooperieren sollen, lässt man sie dursten und belohnt sie für jede vollbrachte Aufgabe mit einigen Tropfen Saft. Die Elektroden selbst verursachen keine Schmerzen. Doch der Druck der Bolzen, das Fixieren, der Durst, die Isolation, die Narkosen, die Operationswunden – das ist Qual.

Von 1959 bis 1985 schickten die USA Affen ins All. Googeln Sie doch einmal: «Rhesusaffe Sam». Das Foto zeigt Sam in bizarrer Rüstung. Die Arme sind frei, aus der Mitte der Kopfbedeckung schaut ein Gesichtchen heraus. In einer Geste zwischen Resignation und Unglauben greift sich das Tier dahin, wo seine Schläfe sein müsste; es trifft auf Fiberglas. Woher ich weiß, dass das Tier resigniert war? Spiegelneuronen! Ich sehe seine Miene, ich sehe die Geste, meine Spiegelneuronen flüstern mir: Dieses

Tier ist nicht glücklich. Seine «Kollegin» Able liegt heute ausgestopft im Luft- und Raumfahrtmuseum in Washington.
Ja, Menschen machen so allerlei mit Affen. Das Allermeiste davon ist außerordentlich grausam. Aber an Laboraffen zu erforschen, wie Empathie funktioniert, ist nicht nur grausam, das ist im wahrsten Sinne des Wortes pervers. Verdreht. Verrückt. Ein in Gefangenschaft lebendes, mehrfach operiertes, leidendes, sozial depriviertes Tier wird in einen Stuhl gezwungen, und die Forschergemeinde, die Öffentlichkeit, die Sachbuchautoren und Leser von Wissenschaftsmagazinen freuen sich: Es gibt Empathie! – Gibt es sie wirklich? Oder werfen Spiegelneuronen nicht vielmehr so viele Fragen auf, wie sie beantworten: Wenn Empathie biologisch in uns verankert ist – was blockiert dann die Empathie des Forschers mit dem Tier?

WOLF UND WISENT

Der Wolf ist zurück. Ein beliebter Satz, den man immer öfter hört. Seit einiger Zeit auch in meinem Landkreis Lüneburg, wo mehrere Wölfe gesichtet, von Wildkameras geknipst oder anhand gerissener Schafe identifiziert wurden. Seit der zweiten Hälfte des neunzehnten Jahrhunderts galt der Wolf in Deutschland als ausgestorben, in den 1990er Jahren wanderte er von Nordostpolen in die östlichen Bundesländer ein und ist seit 1998 auch in anderen Gegenden unterwegs.

In den Alpen baut sich ein zweiter Wolfsbestand auf, dessen Ahnen aus Zentralitalien stammen; doch die wenigen, die sich in Süddeutschland versucht haben, fielen dem Straßenverkehr zum Opfer oder wurden erschossen. Illegal natürlich. Wölfe sind in Deutschland geschützt, sie zu schießen ist verboten. Alle Tiere, die ehedem in Deutschland lebten, haben laut Naturschutzgesetz hier ein Lebensrecht, erklärt mir der Wolfsexperte einer Naturschutzorganisation.

Dieses Lebensrecht aller Einheimischen birgt gewisse Unstimmigkeiten. Die hier geborenen Rehe und Wildschweine haben ja auch kein Lebensrecht, sondern werden geschossen; umgekehrt will niemand ureuropäische Mammuts nachzüchten. Da kommen diverse Unterscheidungen zum Tragen, erklärt der Wolfsexperte mir weiter, zum Beispiel wäre es wenig sinnvoll, Tiere wiederanzusiedeln, die vor der Eiszeit hier lebten. Auf meine Frage nach dem Lebensrecht der Rehe kann er mir allerdings keine befriedigende Antwort geben, er ist selbst Jäger. Vermutlich hat man nur ein Lebensrecht, wenn man a) urdeutsch ist, b) lange nicht mehr hier war und c) wenige Verwandte hat.

Der Wolf fand von selbst zurück, andere Arten nicht: Immer wieder hat man in diversen Gegenden Europas das einst in Europa ansässige Mufflon als Jagdwild ausgewildert (darüber beschweren sich manche Bauern, weil die Mufflons ihnen angeblich die Ernte wegfuttern). Wenn es mit den Rothirschen eng wurde, setzten Großgrundbesitzer Damwild als «Ersatzwildart» aus. (Heute klagen manche Waldbesitzer, aber auch Autofahrer, über die Damhirsche.) Sämtliche westeuropäische Waschbären wiederum gehen auf zwei Waschbärpaare zurück, die 1934 am Edersee ausgesetzt wurden, um «die heimische Fauna zu bereichern». Der Rhythmus geht jedenfalls immer so: Zuerst will man sie, um sie zu schießen; und später schießt man sie, weil man sie nicht mehr will.

Der Wisent, also der europäische Bison, ist auch wieder daheim, und zwar wurde er im April im Rothaargebirge ausgewildert. Durch einen passionierten Jäger, Jagdausbilder, hochadeligen Zur-Jagd-Einlader. Ein Schelm, wer Böses dabei denkt. Immerhin darf der Wisent (erst mal?) nicht geschossen werden, weil auch er Ursprungsdeutscher ist. Angeblich macht er sogar ganz tollen Kot, der Nahrung für viele Insektenarten bietet. – Ich erinnere mich daran, dass der Zoologe Josef Reichholf schreibt, dass die Land- und Forstwirtschaft für über 90 Prozent der Bestandsrückgänge in Flora und Fauna verantwortlich ist. Meiner Meinung nach unwahrscheinlich, dass ein Haufen Wisent-Kot das kompensiert.
Aber all das unauffällige kleine Krabbelzeugs, das will doch eigentlich auch keiner. Lieber importiert man Familie Bison. Übrigens haben Polen, Lettland, Litauen und Estland im Juli 2013 beschlossen, an der Grenze zu Weißrussland und Russland einen Netzzaun zu errichten, um ihre westlichen Schweine vor östlichen (Wild-)Schweinen zu schützen, die wiederum mit der Afrikanischen Schweinepest infiziert sein könnten. Eigentlich eine Aufgabe für Frontex, aber ein Netzzaun ist wohl mörderisch genug. Für Menschen ist diese Schweinepest nicht gefährlich, nur kann man die an der Pest gestorbenen Schweine dann halt nicht mehr essen.
Anscheinend gibt es Jäger, die die Wölfe für die Schweinepest verantwortlich machen. Indirekt. So schreibt einer auf einem Jagd-Forum im Internet: «Wegen der verdammten Wölfe kommt es doch noch so weit, dass keine Drückjagd auf Schwarzwild mehr möglich ist. Wer lässt seine Meute aus, wenn diese Viecher drin sind. Schweinepest ist vorprogrammiert.» Andere Jäger sehen die Rückkehr der Wölfe positiv: «Bären gehören auch noch her!!! Die haben ein schönes Fell, und das Fleisch schmeckt auch gut!»

Oder vielleicht doch nicht? Ein dritter: «Wolf???? Ausrotten!!! Gift, Selbstschussanlagen, Gruben, von mir aus auch das Militär.» Gern hält sich in Jagdkreisen auch das Gerücht, die Tierrechtsorganisation PETA wildere befreite Wölfe aus; zudem seien «ganze LKW-Ladungen beschlagnahmt worden mit sibirischen Wölfen». Nichts davon lässt sich belegen. Genetisch sei nachzuvollziehen, woher die Wölfe stammen, sagt der bereits erwähnte Wolfsexperte; sie seien nicht ausgesetzt oder aus Tierparks entflohen, sondern eben aus Osteuropa zugewandert. Jedenfalls hat auch kürzlich ein Jäger wieder in Deutschland einen Wolf erschossen; und zwar absichtlich. Das muss man in diesem Zusammenhang dazusagen, denn kurz zuvor hatte ein Berliner Verwaltungsgericht einem Jäger den Waffenschein abgenommen, weil der ein Pony erschossen hatte. Eigentlich hatte er ein Wildschwein treffen wollen – aber die sehen ja auch recht ähnlich aus. Schließlich haben beide vier Beine und zwei Ohren. Und ein Wolf auch, übrigens. Vielleicht sollte man sagen: Alles was Beine und Ohren hat, soll man nicht schießen. Eine solche Daumenregel würde vieles vereinfachen.

JÄGERMEISTER FÜR UNS UND WASSER FÜR DIE HUNDE

Was für ein Hobby! Erdverbunden, naturnah, in grünen Klamotten durch den Wald streifen … Und dann mit den Kumpels ein paar Enten schießen. Zahme Enten, die zu Tausenden ausgesetzt werden, damit die Jäger später etwas treffen. Im September 2013 hat das Komitee gegen den Vogelmord e. V. diese Praxis am Niederrhein angeprangert; Jäger stritten es ab; der NABU hielt es für «sehr wahrscheinlich».

Die Gesetzeslage rund um die Jagd variiert je nach Bundesland und ist kaum zu überblicken. Zudem gibt es eine Kluft zwischen dem, was die Jagdgesetze erlauben, und dem illegalen Treiben, von dem Jäger in ihren Blogs prahlen. Doch so viel ist sicher: In den meisten Bundesländern ist die Ausbildung eines Jagdhunds am lebenden Tier, auch an zahmen Enten, erlaubt. Den Enten wird dazu ein Flügel mit Klebeband fixiert, damit sie nicht entkommen können. Die Ausbildung eines Hundes «verbraucht» ungefähr zwanzig Enten.

Für die Fuchsjagd werden die Hunde in künstlichen Höhlen an lebenden Füchsen ausgebildet; ein Gitter trennt sie von ihrer Beute, erspart dem Fuchs aber nicht die Todesangst. Der Fuchs wird nie freigelassen, wieder und wieder werden Hunde auf ihn gehetzt. Indem der Jagdhund ein freies Tier zur Strecke bringt, muss er den «Härtenachweis» erbringen.

Nachdem ein Jagdhund im hiesigen Wald einen kleinen Mischling eine Stunde lang verfolgt und, unter entsetzlichem Geheul des flüchtenden Opfers, zu Tode gebracht hatte, habe ich einmal die Jagd mit Hund recherchiert. Dabei stieß ich auf das Phänomen «Baujagd»: Jagdhunde werden in Fuchsbauten gehetzt und sollen die Füchse heraustreiben, so dass die Füchse «springen».

Wenn das nicht klappt, kommt es zwischen Hund und Fuchs zu blutigen Kämpfen unter der Erde, die stundenlang dauern können; oft müssen die Tiere ausgegraben werden. Eine google-Bildsuche zu dem Stichwort «Baujagd» legt davon anschauliches Zeugnis ab.

Die Baujagd an Fuchswelpen wird von manchen Jägern praktiziert, ist aber verboten – eigentlich müssen die Welpen *vor dem* Bau gefangen oder erschossen werden. Die Füchsin (Fähe) versucht die Jungen zu verteidigen; auch dabei kommt es oft zu blutigen Kämpfen mit dem Hund.

Doch lassen wir wieder einmal die Jäger selbst sprechen. «Die Fähe ist zu dieser Zeit aggressiver als sonst. Die Jungfüchse sind auch im Kunstbau zu finden. Sie müssen fast immer gegraben werden.» (Jagdseite nimrods.de)

«Keine Jagdart ist so spannend wie die Baujagd.» (Baujäger.de)

Aus einem Jäger-Blog (leicht gekürzt): «Wie spannend und immer wieder überraschend die Raubwildjagd sein kann, zeigte die Baujagd zwei Wochen zuvor. Gleich beim zweiten Bau zeigte der Hund deutlich an. Schnell war der Revolver zur Hand und der Fangschuss angetragen. Der zweite Fuchs, von dem vorherigen Radau gewarnt, schaute zwar mehrmals aus dem Bau, wollte aber nicht springen. Also fingen zwei der Waidkameraden an zu buddeln, um die Kessel freizulegen und Unruhe im Bau zu stiften. Nach einigem Graben verlor der Fuchs dann die Nerven, sprang und lag im Knall. Kurz darauf sprang der dritte Fuchs, wurde mehrfach beschossen, kam aber durch einen beherzten Sprung davon. Fuchs Nr. 4 wollte nun partout nicht mehr springen. Mit reichlich Mühe und gutem Gerät gelang es dann schließlich doch noch, ihn aus der Röhre zu treiben. Auch er lag im Knall. Da lagen dann eine Fähe und zwei Rüden von ansehnlicher Größe. Nun galt es den Beschossenen ebenfalls zu strecken.

Also ging es mit Spaten, Spitzhacke und Schaufel zum Naturbau. Nach erneutem Fleiß wurde auch der letzte des Fuchsquartetts mit dem Revolver gestreckt und zu den anderen auf die Strecke gelegt. Bei Kaffee und Kuchen klang dieses ungewöhnliche Waidmannsheil gemütlich aus.»

Aus einem anderen Blog: «Sein Mitjäger meinte, dass Baujagd eigentlich schöner sei als Sex. Dem wollte R. sich aber nicht anschließen, sein Kommentar: Denn ich weiß wie Du genau, wer mit Hund und Spaten möchte zur Baujagd ausrücken, soll auch mal seine Frau beglücken.»

Aus einem dritten: «In den Brombeeren ging im wahrsten Sinne des Wortes der Fuchs ab. Die 5 kg Fähe stellte sich den Hunden. Kira umkreiste und verbellte sie, bekam sie aber nicht zu fassen. Schließlich fasste Hexe auf strengen Apportbefehl zu, schüttelte den Fuchs, kam und gab aus. Auch noch der Härtenachweis erbracht. Welch schöner Erfolg. Anschließend gab es Jägermeister für uns und Wasser für die Hunde.» – Das ist kein Hobby für eine zivilisierte Welt.

WINTER

IM SCHÖNEN WINTERWALD BEGINNT DAS STERBEN

Alle klagen über den Winter. Da will man sich natürlich nicht auch noch einreihen – hatte ich nicht damals, als ich aus der Stadt aufs Land zog, als einen Grund angegeben, ich wolle den Wechsel der Jahreszeiten deutlicher erleben? Also werde ich versuchen, den Winter zu loben. Den Schnee, der in den letzten Wochen immer wieder in dicken Flocken mein Haus umtanzte und der eine so wunderbare Stille mit sich bringt.

Im Wald liegt er vielerorts noch unberührt, auch auf Wegen, die sonst häufig benutzt werden, so dass sich der Spaziergänger einbilden kann, der ganze Wald gehöre ihm allein. Ihm und natürlich den Wildschweinen, den Rehen, den Füchsen, die den Weg der Menschen kreuzen. Als ich hierher zog, wusste ich überhaupt nicht mehr, welcher Fußabdruck zu welchem Tier gehört. Als Kind hatte ich so etwas gelernt, dann lag dies Wissen brach und kehrte erst nach mehrfachem Fährten-Googeln zurück. Einmal kam ich im Wald an einem zugefrorenen Teich vorbei, die Nachbarskinder fuhren schweigend, fast andächtig darauf Schlittschuh. Andere hatten die Schlitten mitgebracht und stürzten sich den einzigen Abhang des Dorfes hinunter, ihre fröhlichen Rufe waren die einzigen Laute weit und breit.

Abends geht die Sonne in den zartesten Gelb- und Rosa-Tönen über der wie mit Puderzucker bestäubten Kante des Waldes unter. Nachts, bei nahezu vollem Mond, ist die Landschaft in ein

surreales bläuliches Licht getaucht, und morgens ist aller Dreck des Vortags weiß zugedeckt. Die Welt kann neu beginnen. Die Wintersonne bringt Eiskristalle zum Funkeln, und verschneite Äste und Hausdächer recken sich in den babyblauen Himmelshintergrund.
Und dennoch: Der Winter ist hart, und nicht immer steht einem der Sinn nach seiner Schönheit. Morgens ist das Eis in den Tränken der Tiere oft zehn Zentimeter dick. Dunkle Flecken verraten, wo sich die Schafe am Eis versucht haben, mit ihren Mäulchen. Besser funktioniert es natürlich mit dem Spaten. Leider platzte pünktlich mit dem Eintreffen des ersten Frosts meine (vermeintlich frostsichere) Wasserleitung zum Schafstall. Jedes Mal, wenn ich die Schafstränken neu befüllen will, muss ich nun einen Schlauch aus dem Badezimmerfenster herunterkurbeln. Bitte sehr, da habe ich sie, die Jahreszeiten: In der Diele Tauwasser-Pfützen, klobige Schuhe und eine Unzahl nasser Socken, Jacken und Mützen. Auch die kranke Ziege Parcel trägt ein Mäntelchen, von einer Tierfreundin nach Maßangaben geschneidert und innen zusätzlich mit Thermorettungsfolie gefüttert. Drei fast federlose Hühner, vor zehn Tagen erst erhielt ich sie aus der Legefarm, habe ich im Gästezimmer untergebracht.
Nur die Gänse, denkbar winterhart im Nehmen, stehen fröhlich in ihrem Planschbecken und putzen sich mit dem Eiswasser, als sei es eine Erfrischung im August. Ein paar Mal haben sie in den letzten Tagen Warnrufe ausgestoßen: Mehrere Habichte hatten sich vom Wald ans Haus herangetastet. Normalerweise zählen Gänse nicht zu ihren Beutetieren, doch derzeit kommen sie ja an die Mäuse nicht heran, die sich unter der Schneedecke ihre Gänge bauen. Der Hunger lässt die Habichte das Spektrum ihrer Möglichkeiten neu erwägen … Also habe ich an der anderen Seite des Stalls eine Voliere für die Gänse hergerichtet, sie einmal quer durch den Garten getrieben. Der Schnee lag so hoch,

dass der Ganter stecken blieb. Die letzten Meter musste ich ihn tragen, dann waren die Gänse in Sicherheit.
Doch was ist mit den Habichten? Sie quält immer noch der Hunger. Einige von ihnen werden den Winter nicht überleben. Je länger der Schnee liegt, desto schwieriger wird es auch für Rehe und Wildschweine, etwas zu finden. Manchmal sitze ich abends in meinem kuschelig warmen Wohnzimmer und finde die Situation befremdlich, geradezu unheimlich: Ich habe es gemütlich, meine Schafe werden im Stall mit Heu gefüttert, sie können sich auf ihr trockenes Stroh legen. Wenige Meter weiter in die andere Richtung, im Wald, da beginnt der Hunger, die Kälte, das Ringen, auch das Verlieren. Gewiss, gestorben und gefressen wird immer. Aber der Winter bringt diese Dinge viel deutlicher zum Vorschein. Reich oder arm. Heizung oder Pappe. Stall oder Wald. Zivilisation oder Natur. Die einen sind geschützt, die anderen wehrlos. Ja, der Winter ist auf klare, schlichte Weise schön; doch dabei oft so ungerührt und erbarmungslos. Mensch und Tier haben genug Grund, über ihn zu klagen.

ICH WURDE EINE KAPUZE

Es war kalt auf dem Bahnhof. Der Zug hatte natürlich Verspätung, die Wartenden waren dick eingepackt. Ein hochgewachsener junger Mann neben mir trug einen dieser Par-

kas, die momentan in Mode sind, in einem gedämpften Grauton und mit pelzbesetzter Kapuze. Auch bei halbhohen Stiefeln schaut in diesem Winter ein schmaler Streifen Pelz über den oberen Rand. Komisch, wo solche Moden herkommen – seit den Achtzigern schien Pelz für die Alltagsmode passé. In den damaligen Kampagnen wurden immer dieselben Fotos gezeigt, von Fallen, abgebissenen Gliedmaßen, kleinen Käfigen und wunden Pfötchen. Man mochte diese Flugblätter und Aufkleber irgendwann nicht mehr sehen. Der Pelz starb aus. Wenn man ihn jetzt wiederauferstehen sieht, denkt man, dass es Kunstpelz sei.

Doch der Pelz rund um den Hals des jungen Mannes sah nicht weniger echt aus als das Fell meiner Katzen, nur bräunlicher. Die Einfahrt des Zuges verzögerte sich um weitere fünf Minuten. Es kam zum Blickkontakt. «Ist der Pelz an Ihrer Kapuze echt?», fragte ich. Der junge Mann machte kugelrunde Augen und schlug, ungelogen, die behandschuhten Hände vor den Mund. «Das hoffe ich nicht!», sagte er. «Ich hab's mir ehrlich gesagt auch schon überlegt.»

Irgendwie süß. Man konnte sich genau vorstellen, wie er im Geschäft nach dem Parka griff, sich kurz dieselbe Frage stellte, dann anzunehmen beschloss, dass es Kunstpelz sei, und zur Kasse ging. «Ich find aber, er sieht ziemlich echt aus», sagte ich. «Was mag das sein, vielleicht Waschbär?»

Vielleicht steckt in jedem adoleszenten Mann ein kleines Mädchen. Die Augen von diesem hier jedenfalls wurden noch kugelrunder, er krümmte schamgebeugt den langen Rücken. «Oh nein!», rief er, als hätte ich unterstellt, er habe das Tier mit eigenen Händen erschlagen und gehäutet. Ich war froh, dass ich nicht «Kaninchen» gesagt hatte, und wir beide, glaube ich, nahmen mit einer gewissen Erleichterung wahr, dass nun endlich der Zug heranschlich.

Wie dieser junge Mann glauben laut Berichten des deutschen

Tierschutzbundes viele Verbraucher aufgrund der niedrigen Preise, sie hätten es mit Kunstpelz zu tun. Oder mit Resten. Tatsächlich aber wird die Hälfte des Umsatzes des europäischen Pelzgeschäfts nicht etwa mit Luxus-Pelzmänteln, sondern mit solchen Verzierungen gemacht. Manchmal erfinden die Modehersteller Fantasienamen wie «Chinchillette» für Kaninchen oder «Telentka» für Eichhörnchen.

Nicht einmal im Einzelhandel weiß man über die Pelzborten genau Bescheid. Woher auch? Ich ging in einen Outdoor- und in einen Schuhladen, die Verkäuferinnen und ich drehten mehrere Stiefel mit Pelzbesatz um, suchten nach Schildchen. Ob der Pelz echt war, und wenn ja, von welchem Tier, fanden wir nicht heraus. Irgendwie war diese Anstrengung ohnehin müßig: Neulich hat eine Tierschutzorganisation nämlich aufgedeckt, dass sogar bei Pelzbesatz, der laut Etikett Kunstpelz war, echter Pelz verwendet worden war!

Eine interessante Neuigkeit fand ich beim Deutschen Pelzinstitut, einer Interessenvertretung der Kürschner. Dieses Institut hat einen Professor gefunden, der verlautbart, dass man erstens «den Zustand der Tiere nicht mit unseren Gefühlen vergleichen kann»; dass zweitens «weder die Gehegegröße noch die aus Gründen der Hygiene eingeführten Drahtflechtböden einen nennenswerten Einfluss auf das Stressniveau der Tiere haben»; dass drittens «jedoch die Verfügbarkeit eines Nestkastens große Wichtigkeit besitzt, in dem die Tiere einen Rückzugsort finden und in dem zum Beispiel Nerze 72 Prozent ihrer Zeit verbringen».

Manchmal fragt man sich ja, ob Professoren ihr Amt auf dieselbe Weise erwerben können wie gewisse Minister ihre Doktortitel. Doch zugestanden: Dass Rückzugsräume wichtig sind, wird keiner bestreiten. Ob aber der vom Pelzforscher beobachtete Nerz so oft in seiner Höhle sitzt, weil sie ihm so gut gefällt, oder weil er

verängstigt ist und ansonsten auch nicht viel zu tun bleibt, sei dahingestellt. Nach dem Gesetz stehen Füchsen drei Quadratmeter Fläche pro Tier zu, Nerzen jeweils ein Quadratmeter Fläche plus ein Quadratmeter Schwimmbecken. In Freiheit durchstreifen die Tiere Reviere von mehreren Quadratkilometern.
Ursprünglich hatte mich die Neugier angetrieben, woher der Pelz an der Kapuze stammte. Vermutlich von Fuchs, Bisam oder Waschbär. Eventuell aus China oder Deutschland. (Hierzulande gibt es noch mindesten zwei Dutzend Pelzfarmen.) Seitdem habe ich Fotos gesehen, deren Beschreibung ich keinem Leser, der mir bis hierher seine Zeit geschenkt hat, zumuten will. (Und haben Sie die Videos gesehen, wie brutal das ist, wenn Angora-Kaninchen geschoren werden? Zum Heulen ist das! Aber Angora-Wolle ist kein Pelz, Entschuldigung, ich schweife ab …). Die Faustregel ist recht einfach, fürchte ich: Wo Tier involviert ist, wird mit Grausamkeiten nicht gespart. Die Details – welche Spezies, welches Land – sind für das Tier, das diese Kapuze einmal war, letztlich egal.

SCHWEINE IM ADVENT

Weil der Advent begonnen hat und auch wir Tierfreunde uns nach etwas Licht im Dunkel sehnen, habe ich mich auf die Suche nach guten Nachrichten gemacht. Und jede Menge davon gefunden. «Tierschutz ist unteilbar!», durfte

ich erfahren. «Wir stehen alle in der direkten Verantwortung, das Wohl der Tiere zu verbessern. Dies tun wir aus tiefster innerer Überzeugung. Der Schutz des Tieres ist seit Anbeginn ein Kernpunkt unserer Firmenphilosophie.»

Und das versichern nicht irgendwelche unbedeutenden Leutchen! Nein, die Zitate stammen von einem der größten Fleischereiunternehmen Deutschlands, «Tönnies Fleischwerk». Es «befasst sich im Kerngeschäft mit der Schlachtung, Zerlegung und Verarbeitung von Schweinen, Sauen und Rindern». Logisch, dass Schlachtung, Zerlegung und Verarbeitung «im Kern» dem Schutz des Tiers und der zwischenkreatürlichen Verantwortung dienen. Warum sonst würde man Schweine, Sauen und Rinder schlachten und zerlegen? Ja wohl nur, um an diesen Kern heranzukommen: Das Glück dieser Erde, es liegt eben doch nicht auf dem Rücken der Pferde, sondern schlummert im Sauenmagen und wird allein bei Tönnies jährlich 16 Millionen Mal von Niedriglohnarbeitern freigelegt.

Über dem Tönnies-Schlachthof in Rheda-Wiedenbrück prangt das Firmenlogo mit fröhlichem Schlachtvieh. Da fällt mir doch glatt dieses Weihnachtslied ein: «Ihr Schweinelein kommet, oh kommet doch all!» Doch nicht allein dort, sondern im gesamten deutschen Schweinezerlegungsgewerbe herrscht das ganze Jahr über himmlisches Jauchzen und Frohlocken. Zum Beispiel bei der Firma Vogler; sie schlachtet 2,5 Millionen Schweine jährlich. «Tierwohl ist bei Vogler gelebter Alltag und der Grundstein zu guten Schweinefleischprodukten.» – «Gelebter» Alltag ist eine bemerkenswerte Paraphrase für ein Schlachtunternehmen, das, wie man annehmen könnte, definitionsgemäß eher den Tod anvisiert. Und sobald das Tier «Fleisch» ist, ist doch sein «Tierwohl» zu Ende. Oder?

Einmal bin ich einem Schweinetransporter bis zu dem Vogler-Schlachthof bei Salzwedel hinterhergefahren. Zu meiner großen

Enttäuschung waren gerade an diesem Tag die hawaiianischen Empfangskomitees ausgesetzt. Leider keine Blumenkränze: «Hallo Schwein, hier erwartet dich dein fröhlicher Alltag!» Nein, da stand neben dem Tor ein Schild: «Nur für Fleischtransporte.» Verwirrend. Da denkt man, angeliefert würden Schweine, aber nein, Schweine dürfen bei Vogler gar nicht rein. Nur Fleisch. Der wohlige Schweinealltag wird anscheinend anderswo gelebt.

Zum Beispiel in kleinen Schweineställen. Man redet ja heutzutage immer von Massentierhaltung, aber ganz ehrlich: Wo sollen die denn alle stehen? Wer soll das ganze Zeugs denn kaufen? Sämtliche Leute, die ich kenne, kaufen «nie Fleisch von Aldi», stattdessen «nur Fleisch von glücklichen Schweinen». Die gehen auf den Wochenmarkt, «wo ich den Bauern kenne». Die «geben dafür lieber ein bisschen mehr aus». Ja, es muss viel mehr deutsche Kleinbauern geben, als wir medienbeeinflusste Konsumparanoiker gemeinhin denken.

Kürzlich habe ich so einen Stall glücklicher Schweine besucht. «Die brauchen keine Antibiotika», sagte der Bauer. «Die haben ein richtig gutes Leben.» Okay, als erstes machte der Bauer im Stall mal das Licht an. Anscheinend stehen die Schweine den ganzen Tag im Dunkeln. Und in der Scheiße. Rumlaufen konnten sie schon (bis auf die paar, die hinkten), aber halt handbreit in der eigenen Scheiße. (Der Stall wird erst, wenn alle geschlachtet sind, sauber gemacht.) Dreißig Tiere teilen sich einen Nippel fürs Wasser und eine Futterraufe von zwei Metern. Die wird zwei Mal am Tag befüllt.

Die Tiere waren unglaublich zutraulich und schnupperten an unseren Händen, während der Bauer über sie sprach, als seien sie bereits Dosenwurst. Ein Schwein von 180 Kilo gibt so und so viel Dosenwurst, die genaue Zahl hab ich vergessen. Aber «da muss gar nicht viel gewürzt werden, so gut schmecken die!» Die Schweine schnupperten immer noch an unseren Händen.

«Und die haben auch keinen Stress beim Schlachten, die gehen sogar freiwillig auf den Transporter.» Wie das, fragte ich. «In dem Transporter ist nämlich Stroh, das macht die so neugierig, da laufen die freiwillig rein.» Weil sie während ihres kurzen Lebens nämlich kein Stroh hatten, keine Wiese, nichts zum Wühlen. Weil sie im Dunkeln durch die Scheiße liefen. Zwei Stunden vorm Schlachten können sie ihren Rüssel dann noch einmal zu dem einsetzen, wozu Mutter Natur ihn gedacht hat. Da höre ich die Engel weinen.

EIN BARBARISCHES SYSTEM

Ich weiß auch nicht mehr genau, wie alles anfing, aber irgendwann standen sie vor meiner Tür, waren mir auf Anhieb sympathisch, erklärten, was sie demnächst vorhätten … und plötzlich hatte ich zugesagt, sie einmal zu begleiten. Bei einer der nächtlichen Expeditionen von Tierrechtsaktivisten, die für die Organisation Animal Rights Watch seit Jahren das Innere von Deutschlands Hühner- und Schweineställen dokumentieren. Bei Verdacht auf Tierschutzwidrigkeiten gehen sie nachsehen – ein Job, den eigentlich die Veterinärämter machen müssten! – und filmen.

Und dann war es so weit, spät in der Nacht fuhren wir durch den von Mastanlagen übersäten Westen Niedersachsens. Wochen der Planung waren vorausgegangen, die Aktivisten hatten die Ställe von außen bereits besichtigt, ein paar Türklinken probeweise heruntergedrückt (sie gehen nur durch offene Türen, niemand beschädigt etwas).

P. parkte das Auto an einem Waldrand. Wir stapften den Saum zwischen Feld und Bäumen entlang. Es hatte acht Grad minus. Der Vollmond stand hoch. Am Ende des Felds lag die Anlage groß und undurchdringlich wie eine Militäranlage, die in einer Indiana-Jones-Verfilmung als Kulisse dient. Ringsherum zwei Meter hoher Zaun, auf dem Gelände fünfundzwanzig Ställe in einer Reihe. Aus einem Schornstein kamen große Wolken Rauch oder Dampf, er leuchtete bizarr weiß und kalt im Vollmondlicht.

Eine Seitentür war offen. Als erstes passierten wir einen Vorraum mit einer Schubkarre voll toter Ferkel (zehn Prozent der Ferkel überleben die ersten drei Lebenswochen nicht). Dann eine Halle mit saugenden Ferkeln und ihren Müttern. Weitere tote Ferkel hatten die Arbeiter zur späteren Abholung in den Mittelgang gelegt. Achtung, nicht drauftreten! Wir leuchteten in Mülleimer voll leerer Medikamentenflaschen; zählten nach, wie viele Schweine auf wie vielen Quadratmetern standen; blickten in Hunderte weiß bewimperter Augen; lasen die Listen an den Wänden, auf denen Lebende und Tote verzeichnet waren.

Wie viele Tage, nachdem ihr die letzten Ferkel weggenommen wurden, wird eine Sau neu besamt? Auch das ist notiert: nach fünf Tagen. Fünf Tage! Dazu braucht es keinen Eber, das Sperma kommt aus der Tiefkühlung, und um die Sau empfänglich zu machen, gibt es Hormonspritzen und künstlichen Eberduft.

Aus mehreren Kastenständen – in denen sich die Sau nur hinlegen, nicht umdrehen, nicht gehen kann – lugten seitlich Klauen hervor. «In den Bestimmungen steht, dass das Tier die Gliedmaßen ausstrecken können muss», erklärt mir P. «Das können sie aber nur, wenn sie die Beine unter dem Gitter durchfädeln. Wer sind diese Leute, die solche Maße festlegen?»

Solange ich beschäftigt war – Zahlen notieren, Kamera halten –

war es gut erträglich. Das Adrenalin schützt einen. Aber es gab Momente, in denen das Entsetzen anklopfte. Wenn P. kurz hinaus ging und ich ein, zwei Minuten alleine da stand. In diesem Stall voll riesiger Mütter mit ihren winzigen hilflosen Ferkeln. Allesamt eingepfercht, auf «Produktivität» reduziert, einem barbarischen System unterworfen. In diesen Momenten flutete mich Angst an – Angst vor dem, was ich sah, Angst vor dem, was menschenmöglich ist, Angst zu realisieren, was hier jeden Tag geschieht.

Neben einer Mutter lag noch die Plazenta. Sie hatte erst vor kurzem geboren. Ihre etwa handgroßen Ferkel kraxelten zu den Zitzen der Mutter. Manche konnten nicht aufstehen – das sind die Spreizer. Sie haben eine Fehlstellung der Beine. Ihre Chancen sind nicht gut. Man steht vor einem Haufen neu geborener, zartrosa Wesen, und weiß: zehn Prozent überleben die nächsten Tage nicht. Die Mutter versuchte sich umzudrehen, einen Blick auf ihre Kinder zu werfen. Es ging nicht. Die Gitter engen sie ein. Drei Wochen wird sie dort liegen und säugen, dann wieder in den Besamungsstand mit Eberduft.

Fünf Stunden lang zählten wir, notierten, filmten. Um vier Uhr morgens der Rückweg zum Auto übers mondbeschienene, schneebedeckte Feld. Einer stolperte, es war N., seine Beine waren müde. Er hatte Wache gestanden an einem der Fenster. Das Funkgerät im Ohr, konnte er nicht einmal Musik hören. Kein einziges Mal beschwerte er sich, er wolle abgelöst werden.

Ich habe keine Ahnung, wie er das fünf Stunden durchhielt, tatenlos, nahezu reglos. Um sich herum der Geruch, das Ächzen und Fiepen all dieser Tiere. Das Gerumpel, wenn die schweren Sauen an ihre Gitterstäbe stoßen. Vermutlich schämte N. sich zu klagen. Denn wir durften nachher wieder raus. Sie nicht.

WELLNESS IM ABFERKELSTALL

Manchmal weiß man gar nicht: Meinen die das jetzt noch ernst, oder ist das schon Satire? Die Welten liegen so weit auseinander … Da verspricht der eine Wellness, der andere sieht: Albtraum! In meiner Welt zum Beispiel denkt man bei Wellness an Dampfbäder, erhitzte Steine auf dem Rücken, dazu Yin-und-Yang-Musik.

Schweinezüchter hingegen meinen mit Wellness etwas ganz anderes. Auf der letzten Eurotier, der internationalen Fachmesse für Tierhaltungs-Profis, hatten sie einen Schwerpunkt dazu eingerichtet: «Wellness im Abferkelstall». Dem Normalmenschen, der sein Essen nur aus dem Supermarkt kennt, fallen bei der ersten Begegnung mit solcher Wellness die Augen heraus.

Weil aber in verschiedenen Welten verschiedene Sprachen gesprochen werden, muss man zunächst einmal übersetzen: «Abferkeln» heißt: Ferkel zur Welt bringen. Der «Abferkelstall» ist der Stall, in dem Ferkel die ersten Lebenswochen an der Mutter saugen. Allerdings kann sich ihre Mutter weder bei der Geburt nach ihnen umdrehen noch ihnen ein Ferkelnest bauen, wie es ihr der Instinkt eingibt. Genau genommen kann sie überhaupt nichts als fressen, scheißen und liegen; denn eine säugende Sau wird so fixiert, dass nicht einmal eine Drehung um die eigene Achse möglich ist. Im Abferkelstall sind «Ferkelschutzkörbe» Standard; und so ein «Ferkelschutzkorb» ist nicht etwas Feines und Gemütliches für die Ferkel, sondern ein Metallgitter, das ihre Mutter bewegungsunfähig macht und sie daran hindert, sich versehentlich auf ihre Ferkel zu legen. Das kann Leben retten! «Leben retten» heißt in der Sprache der Schweinezüchter, dass die Ferkel vor der Mutter geschützt werden, damit sie schnell wachsen und wohlbehalten geschlachtet werden können.

Die heutige Landwirtschaft ist das natürliche Biotop der Euphemismen. Eigentlich sollte man bei dieser Tierhaltung auch gar nicht mehr Landwirtschaft sagen, sondern Agrarindustrie. Es ist eine Industrie, in der das Lebewesen nur als ein Störfaktor vorkommt, als «Ressource», die der Mensch noch nicht komplett selbst herstellen kann. Dieser eine, entscheidende Funke Leben … Der Rest ist Technik, Elektronik, Fließband. Das Leben wird zurechtgestutzt, bis es in die Fabriken passt.

Ich nenne es daher: eine Frankenstein-Industrie. Denn in den Labors verschiedener Firmen mischen Veterinärmediziner und Biologen die Gene, bis es kracht. Zum Beispiel will man immer mehr Ferkel; die Wurfgröße ließ sich von etwa einem Dutzend auf bis zu zwanzig Ferkel raufzüchten. Problem: So eine Sau hat aber nur vierzehn Zitzen! Auch das lässt sich ändern: Es gibt inzwischen Züchtungen mit sechzehn Zitzen. Nächstes Problem: Mit endlos vielen Ferkeln klappt die Milchversorgung nicht. Ferkelzahl also doch wieder runterzüchten? Ja, so pfiffig ist die Frankenstein-Wissenschaft.

Und wir Konsumenten finanzieren sie kräftig mit. Wir sprechen gern von Massentierhaltung, als sei das ein zwar bedauerliches, aber vermeidbares Übel. Es ist nicht vermeidbar. Nicht, wenn wir darauf bestehen, in Deutschland jedes Jahr 60 Millionen Schweine und 600 Millionen Hühner zu schlachten und zu essen. Kann sich jemand diese Mengen vorstellen? Wenn die glücklich und frei leben sollen: *Wo* sollen die denn leben?

Und alles, was wir an Verbesserungen diskutieren – das ist doch nur Kosmetik. Wir feilschen um Zentimeter, um Spaltenbreiten, um Luftvolumen und Ammoniakhöchstwerte … Auf der Messe Eurotier wurden sogar Abferkelboxen vorgestellt, bei denen der Kopf der Sau draußen im Freien liegt, weil Ferkel es warm brauchen, Sauen es aber gerne kühl haben. Ist eine Sau mit solch einer Klimabox etwa ein zufriedenes Schwein? Sind diese Sauen

keine Säugetiermütter, die ihre Kinder auch einmal *sehen* und sie in schweinetypischer Art mit dem Rüssel anstupsen wollen? Naso-nasaler Kontakt nennt es die Nutztierforschung; Mutterschaft würde ich es, einfacher, nennen. Doch egal wie man's nennt, es wird von der Agrarindustrie unmöglich gemacht.
Nein, unser heutiger Fleischkonsum ist einfach nicht zu rechtfertigen, denn wir nehmen den Tieren gleich zwei Mal das Leben. Einmal, indem wir sie schlachten, und dann: weil sie schon vor dem Tod nur dahinvegetieren. Das ist nicht Wellness. Das ist auch nicht «artgerecht». Das ist nicht mal Leben.

AUS SICHT DES FERKELS

Das Schwein, *Sus scrofa domestica*, ist eine hoffnungslose Tierart. Der Eindruck entsteht jedenfalls, wenn man die Forschung zur Schweinezucht verfolgt, deren Ergebnisse sich in landwirtschaftlichen Fachmagazinen niederschlagen. Sauen erdrücken die eigenen Ferkel, Ferkel zerbeißen den Müttern die Gesäuge, später kämpfen sie miteinander und knabbern einander die Schwänze ab. Zuchtsauen haben Fruchtbarkeitsprobleme, und Masteber beißen einander in die Penisse. Beim Schwein liegt anscheinend alles im Argen, und all dem soll in diversen Forschungsanstalten auf den Grund gegangen werden, damit der Landwirt gegensteuern kann.
Ständig ist man auch auf der Suche nach neuem, verbessertem

Futter. So wurde jüngst ein neues Ferkelfutter auf den Markt gebracht und von inzwischen zwei Forschungsinstituten getestet, das hydrolisiertes (aufgespaltenes) Protein aus der Darmschleimhaut geschlachteter Schweine enthält. Das hört sich nicht appetitlich an, und es sieht auch nicht appetitlich aus: Fotos vom Herstellungsprozess zeigen Arbeiter mit Plastikhaube und Schürze, die mit den Gummistiefeln in großen Lachen gelblicher Brühe stehen, während sich die Därme in einem undefinierbaren Fleischbrei verheddern. Doch die Ferkel werden heutzutage mit meist drei, teilweise vier Wochen von der Mutter abgesetzt, und das Futter, das die Sauenmilch ersetzen soll, muss nun einmal genug Protein enthalten.

Warum aber können Ferkel nicht länger bei den Müttern trinken – auch in der Natur säugt die Sau schließlich nicht drei Wochen, sondern drei Monate? Dieser tierschützerisch motivierte Einwand ist Dr. Albert Hortmann-Scholten von der Landwirtschaftskammer Niedersachsen wohlbekannt. Seiner Meinung nach berücksichtigt man dabei aber nur die Interessen der Ferkel, nicht der Sauen. «Aus Sicht des Ferkels mag eine längere Säugezeit besser sein, vier- oder fünfwöchige Säugezeiten sind allerdings für die Muttersauen nicht so gut, da dann die Gefahr von Infektionen und Euterentzündungen steigt. Es gibt Praxisbeispiele, wo das Gesäuge der Sauen am Ende der langen Aufzuchtphase regelrecht zerfleischt ist, da die Ferkel mit ihren scharfen Zähnen der Muttersau massiv zusetzen. Besser ist, dass die Säugephase verkürzt wird.»

Dazu muss man wissen, dass sich das Hausschwein (*Sus scrofa domestica*) und das Wildschwein (*Sus scrofa*) voneinander zwar in Farbe, Fell und Statur deutlich unterscheiden, dass ihr Verhaltensrepertoire aber fast identisch ist. Dies zeigten Untersuchungen an extensiv gehaltenen Hausschweinen sowie an verwilderten Schweinen, die einem Stall oder, wie 1959 im

australischen Namadgi-Nationalpark, einem LKW entkommen sind. In dem veterinärwissenschaftlichen Standardwerk *The Welfare of Pigs* (Springer Verlag 2009) wird daher fast nie zwischen dem Verhalten der wilden und der domestizierten Art unterschieden, sondern über beide ist zu erfahren, dass sie 75 Prozent ihrer aktiven Wachzeit mit wühlen, grasen und erkunden verbringen; dass sie ihre Exkremente fern ihrer Schlafplätze absetzen; dass sie sich zum Schlafen oft kleine Kuhlen graben, diese mit herbeigeschleppten pflanzlichen Materialien isolieren und sich darin bei kaltem Wetter eng aneinanderlegen.

Rangordnungskämpfe, die in der Schweinemast ein erhebliches Problem darstellen und zu unterschiedlich schweren Verletzungen führen, kommen in der Natur im Grunde nur während der Paarungszeit vor, wenn Eber um Weibchen konkurrieren. Auch dann versuchen sie es zunächst weniger aggressiv: Sie laufen nebeneinander her, sträuben die Borsten, umkreisen einander und stoßen einander mit den Schultern. Wenn dieses sogenannte «limited fighting» nicht funktioniert, können sie zu Bissen übergehen und einander verletzen. Außerhalb solcher Kämpfe aber bekriegen sie sich nicht, beißen einander nicht in die Penisse und fressen einander auch nicht die Schwänze an oder ab. Die trächtige Sau sondert sich vor der Geburt von der Rotte ab, prüft mehrere Tage lang diverse Standorte und baut dann an ihr geeignet erscheinender Stelle ein Ferkelnest. Erst im Alter von ungefähr zehn Tagen werden die Ferkel dieses Nest immer häufiger verlassen, zu anderen Ferkeln der Rotte Kontakt suchen und mit ihnen spielen. Allmählich findet eine Entwöhnung von Mutter und Milch statt. Im Schnitt dauert die Säugezeit vierzehn Wochen. Schafft die Zuchtsau wirklich nicht mehr, was die Wildsau kann?

Das ist wohl eine Art moderner Mythos. Dr. Christina Jais, die die AG Schweinehaltung der bayerischen Landwirtschaftskam-

mer leitet, hält das Problem für nicht sehr verbreitet. Eine Gesäugeverletzung könne einmal auftreten, wenn Sauen wenig Milch haben und die Ferkel stark darum kämpfen. Zu spitze Eckzähne könne man notfalls abschleifen. Doch eigentlich liege der Grund für die kürzere Säugezeit der Zuchtschweine anderswo: «Die Ansprüche sind andere: Bei einem Wildschwein geht es um den Arterhalt. Da sind auch mal höhere Ferkelverluste oder beschädigte Zitzen und Gesäugekomplexe möglich, die keine Milch mehr geben. Wenn ich aber zwölf saugende Ferkel habe und will, dass alle auch möglichst viel Milch erhalten, dann müssen im Idealfall auch alle Zitzen und Gesäugekomplexe intakt sein.» Und bei zwölf Ferkeln sind die landwirtschaftlichen Züchtungsanstrengungen ja nicht stehen geblieben: Während die Wildsau im Schnitt sechs Ferkel wirft, verlangt man der Zuchtsau pro Wurf vierzehn bis sechzehn oder gar mehr Ferkel ab. Dabei hat sie nur vierzehn Zitzen. Hier müssen die Landwirte natürlich intervenieren, mit Ferkelmilch und «Ammen» arbeiten und dergleichen.

Die Zuchtsau selbst liegt während der dreiwöchigen Säugezeit in einem Stallabteil, das durch Metallbügel begrenzt wird, wenig länger ist als sie selbst und ihr nicht ermöglicht, sich um die eigene Achse zu drehen. Wiederum wird dies üblicherweise mit dem Wohl des Tieres erklärt: «Zielkonflikte zwischen dem Tierwohl der Ferkel und dem Tierwohl der Muttersau ergeben sich auch bei der Frage der Anwendung eines sogenannten Ferkelschutzkorbes. Dies behindert zwar den Bewegungsdrang der Muttersau, verringert allerdings das Erdrücken und damit den frühen Tod der jungen Ferkel. Da ist es schon besser, wenn die Muttersau für drei Wochen fixiert wird, um den kleinen Ferkeln ein gefahrloses Aufwachsen zu ermöglichen», erklärt Dr. Albert Hortmann-Scholten die gängige Auffassung der Landwirte.

Doch vielleicht ist die weit verbreitete Angst vor Erdrückungs-

verlusten nur ein Ergebnis falschen Rechnens. Die Biologin Dr. Beate Bünger vom Institut für Tierschutz und Tierhaltung (FLI) Celle hat sechzehn Jahre lang das Aufzuchtverhalten von Sauen in Kastenständen, erweiterten Bewegungsbuchten und Gruppenhaltung erforscht und verglichen. «Am Anfang hatten wir auch erhöhte Erdrückungsverluste. Eine Sau, die sich frei bewegen kann, schneidet da fast immer am schlechtesten ab. Wir haben das lange und an vielen Tieren erforscht. Aber man darf die Erdrückungsverluste nicht isoliert betrachten! Es gibt auch noch andere Verluste: Ferkel, die am Anfang nicht erdrückt werden, sterben oft einige Tage später aus sehr unterschiedlichen Gründen, wie Untergewichtigkeit, schlechte Vitalität, Unterernährung oder Infektionen. Ein kleines untergewichtiges Ferkel – wenn sich die Sau drauflegt, ist es die böse Sau. Wenn sich das mickrige Ferkel aber nicht an der Zitze durchsetzen kann und drei Tage lang auf der Wärmeplatte vor sich hin trocknet, bis es stirbt, ist es einfach ein Abgang. Und wenn man alle Verluste zusammenzählt, ist immer herausgekommen, dass die Verluste bei einer Sau, die sich frei bewegen kann, insgesamt nicht größer sind.»

Die eigentliche Wurzel des Übels sieht Bünger in dem züchterischen Trend zu immer mehr Ferkeln: Auch in den Uterus einer modernen Sau passt schließlich kein unendliches Ferkelvolumen, mit der steigenden Wurfgröße sinkt daher die Masse der einzelnen Ferkel. «In großen Würfen kommen viel häufiger untergewichtige Ferkel vor, die keine Überlebenschance haben. Ein Hauptgrund für die steigenden Verluste in der ‹Ferkelproduktion› sind nicht Haltungen mit frei beweglichen Sauen, sondern die Zucht auf immer und immer größere Würfe. Aber trotz der gesteigerten Verluste ist es wohl im Endeffekt trotzdem lukrativ, pro Sau und Jahr ein paar Ferkel mehr ‹zu erzeugen›, wie es in der Fachsprache heißt.»

Apropos Sprache: Die Terminologie der Schweineforschung ist für Außenstehende etwas befremdlich. Da ist von «Produktionszyklen» die Rede, von «terminorientierter Besamung», von «Uteruskapazität», «Geburtensynchronisation» und einer «Gleichschaltung der Brunst» … Für eine Sau gibt es übrigens drei Zustände: leer, tragend und ferkelführend. Tragend erklärt sich von selbst, «leer» klingt nach ungenutzter Produktionsstätte. Und «ferkelführend»?

«Die Zuchtsau im Kastenstand kann gar nicht führen», stellt Bünger richtig. «Zwar lecken Schweine das einzelne Kind nicht ab wie manche anderen Säugetiere, aber eine Sau, die sich bewegen kann, steht doch immerhin mal auf und beschnüffelt das Ferkel, kann auch auf ihre Ferkel zugehen. Aber wenn sie da im Kastenstand liegt, kann sie nur Kontakt aufnehmen, wenn das Ferkel gerade vorne um ihre Schnauze herumläuft. Trotzdem heißt sie ferkelführend. Umbauter Raum kostet Geld, und da Bewegungsbuchten fast doppelt so viel Platz benötigen wie konventionelle Kastenstände, ist es oft eine rein ökonomische Frage, welche Abferkelbucht verwendet wird.»

Eine frei lebende Sau – ob nun Wildschwein oder verwildertes Hausschwein – ist übrigens eine geradezu vorbildliche Mutter. In dem bereits erwähnten Werk *The Welfare of Pigs* wird beschrieben, wie die Sau, wenn sie nach der Futtersuche oder dem Absetzen von Fäkalien wieder ins Nest zurückkehrt, «sorgfältig den Boden frei wühlt, bevor sie sich hinlegt, vielleicht um das Nestbaumaterial umzuarrangieren oder um sicherzustellen, dass keine Ferkel dort liegen. Mit dem Rüssel schiebt sie Ferkel dort weg, wo sie sich hinlegen will … Bei Wildschweinen oder verwilderten Sauen wurden keine Ferkelverluste durch Erdrücken beobachtet.» Auch das berüchtigte Totbeißen der Ferkel wurde nicht beobachtet. Stattdessen zeigte sich, dass Sauen gelegentlich auch die Ferkel anderer Sauen an ihre Zitzen ließen.

Das Sozial- und Aufzuchtverhalten frei lebender Schweine ist beeindruckend, und wie die Forscher nicht müde werden zu betonen, zeigen auch die modernen Züchtungen «ein vollständiges Verhaltensrepertoire, wenn sie in die freie Umgebung entlassen werden». So gesehen besteht durchaus Hoffnung für *Sus scrofa domestica.* Nur vielleicht nicht in unseren Ställen.

CLEVERES VOKABULAR FÜR POLIERTES IMAGE

Schon seit einiger Zeit herrscht Nervosität bei der Fleisch- und Tierindustrie. Ungezählte Fleischskandale, veganer Kochbuch-Boom … Zur Krönung waren dann noch verdeckt gefilmte Szenen aus Schweinezuchtbetrieben im TV zu sehen: Arbeiter greifen sich frisch geborene Ferkel, schlagen sie mehrmals mit dem Kopf gegen die Stallwand. Sie sind so klein, dass sich die Aufzucht nicht lohnt. Ausschussware in der Tierindustrie. So stellt sich der Verbraucher das Vorleben seines Schnitzels ja nun nicht vor, immer öfter stellt er bohrende Fragen.

«Wegducken bringt nichts mehr», überschrieb das *DGS Das Magazin für Geflügelwirtschaft und Schweineproduktion* einen Artikel im Mai. Der bayerische Agrarminister Helmut Brunner sagte kürzlich: «Wir müssen zur Kenntnis nehmen, dass sich die Gesellschaft immer mehr in unsere Arbeit einmischt.» Gleich mehrere Branchenzeitschriften diagnostizierten: «Die Landwirtschaft hat ein Imageproblem.»

Prompt schlägt die Agrarindustrie den naheliegenden kapitalistischen Weg ein: Nicht die Zustände müssen verbessert werden, sondern die Public Relations. Man müsse «gemeinsam das Image aufpolieren», empfahl die Zeitschrift *Topagrar*. «Höchste Zeit, in die Offensive zu gehen und die Imagewerbung zu verstärken.» Oder, wie das *Landwirtschaftliche Wochenblatt Westfalen-Lippe* diagnostizierte: «Nicht immer verfügt die Landwirtschaft über cleveres Vokabular. Dabei lässt sich das Image der Tierhalter mit gut gewählten Begriffen positiv verändern.»

Dazu machte das *Wochenblatt* zahlreiche Vorschläge, zum Beispiel: «Mäster. Der Weg vom Mäster zum Tierquäler ist in der Assoziation nicht weit. Auch dieser Begriff sollte sofort aus dem Vokabular gestrichen werden. Als Tierhalter wirkt man deutlich sympathischer, denn bei diesem Begriff schwingt die Sorge um das Wohlergehen der Tiere mit.» Nächstes Imageproblem: «Antibiotika. Bitte diesen Begriff unbedingt vermeiden. Auch wenn er in einer Frage verwendet wird, diesen nicht in der Antwort wiederholen.»

Knifflig auch: «Schnabelkürzen. Nach dem Tierschutzgesetz ist das Kürzen des Schnabels eine Amputation, somit ein Eingriff am Tier. Wissenschaftlich korrekt müsste es daher Schnabelkürzen heißen. Hier sollte es aber das gute Recht der Landwirte sein, den negativ besetzten Begriff zu vermeiden und auf die Bezeichnung Schnabelbehandlung zurückzugreifen. Denn eine Behandlung wird von der Bevölkerung in einem deutlich positiveren Zusammenhang gesehen.»

Es ist ein Dilemma. Gern würde man der Öffentlichkeit beweisen, dass in den Ställen alles nur halb so schlimm ist … Aber wenn das Fernsehen unvermutet anklopft, passt es gerade nicht so gut. *Top agrar* gibt Tipps: «Überlegen Sie, was Sie auf dem Hof und im Stall zeigen und was nicht. Achten Sie auf einen gepflegten Hof und Stall, ohne gleich große Aufräumaktionen an-

zuschieben: Ansonsten sind Sie zum Termin nur abgekämpft.» Abgekämpft wirkt nicht sympathisch, doch einfach die Tür zuzuhalten, macht auch irgendwie einen schlechten Eindruck. «Völlig überrumpelt hat deshalb schon so mancher Schweinehalter dem Kamerateam die Stalltüren geöffnet. Das Ergebnis ist selten erfreulich.»

Das ist kein Wunder, denn wo industriell Fleisch «produziert» wird, wird viel geschissen, gelitten und gestorben. Also boomen Unternehmensberater, die auf das Management von Lebensmittelkrisen spezialisiert sind, und Tagungen für landwirtschaftliche Öffentlichkeitsarbeit. Effiziente Begriffskosmetik beginnt bei der Berufsbezeichnung: «Achten Sie auf die Wirkung Ihrer Worte: Sie produzieren Eier in Anlagen? Das klingt nach Industrie. Sagen Sie lieber erzeugen statt produzieren und Stall statt Anlage.»

Der Praktische Tierarzt. Zeitschrift für fortschrittliche Veterinärmedizin mahnte einst, das Wort Massentierhaltung sei negativ besetzt, aber das oft als Alternative vorgeschlagene Wort Intensivtierhaltung klinge auch nicht gut. Nur «die Bezeichnung ‹konventionelle Tierhaltung› ist bei den Verbrauchern positiv besetzt».

Anders sieht das der Berater Jörg Auer in einem Branchenmagazin: «Jeder Biobetrieb kann sofort in zwei, drei Sätzen die Philosophie hinter seiner Produktionsweise erläutern. Den meisten konventionellen Landwirten gelingt das nicht. Schon der Begriff konventionell klingt nicht nach Zukunft und Innovation. Ein Autobauer käme niemals auf die Idee, sein neues Modell als konventionell zu bezeichnen.»

Überhaupt kämen nicht viele Menschen auf die Idee, ein Schwein oder eine Pute mit einem Auto zu vergleichen. Gewiss, sie alle werden «produziert». Ist ja «Ware». Oder doch nicht? Kürzlich kritisierte der parlamentarische Staatssekretär Horst Becker in Nordrhein-Westfalen, die Tiere in den heutigen Hochleistungs-

betrieben seien überfordert: «Wir sollten unsere Nutztiere wieder als lebende Wesen betrachten.» Das kam bei den Landwirten nicht gut an. Eine Landfrau «erinnerte den Parlamentarier daran, dass Bauern und ihre Familien krank werden, weil sie den Druck nicht mehr aushalten, den die Politik auf sie ausübt. Und da rede Becker von psychischen Problemen bei Nutztieren.» – First things first. Nutztiere als Lebewesen betrachten, das ist Luxus und geht vielleicht später mal.

Leider gibt es viel «fleischlose Meinungsmache», klagt die Zeitschrift *Die Fleischerei*. Zum Umgang mit verunsicherten Kunden, Vegetariern und Flexitariern empfiehlt die Beraterin Barbara Krieger-Mettbach der Fleischerinnung eine kombinierte Strategie aus «Köpfchen, Toleranz und Kreativität».

Köpfchen ist wohl dies hier: «Fleisch macht fit und schön. Auch dies lässt sich mit den Nährstoffen begründen.» Toleranz: «Prophylaxe: Vegetarier wieder zum Fleischessen zu bewegen, ist schwieriger, als Fleischessern gute Argumente zum Fleischverzehr zu liefern.» Selbst die veganen Kochbuch-Besteller von Attila Hildmann *Vegan for Fun* und *Vegan for Fit* sind noch kein Grund zur Verzweiflung: «Hier können Fleischer von dem veganen Koch lernen. Die Botschaft: Fleisch ist gesunder Genuss. Die Slogans: ‹Fleisch for fit› und ‹Fleisch for fun.› – So viel zur Kreativität.

Doch dann kommt der Kreativität halt die Empirie in die Quere. Achim Spiller, Inhaber des Lehrstuhls für Marketing für Lebensmittel und Agrarprodukte an der Universität Göttingen – ja, solche Lehrstühle gibt es! – sagt im *dlz Agrarmagazin*: «Die gesellschaftliche Akzeptanz der Tierhaltung ist nicht mehr selbstverständlich. … Wer den gesellschaftlichen Dialog in den Medien und Internetforen nicht eingeht, hat schon verloren. Zugegeben, eine Kommunikation vieler Themen der Fleischwirtschaft ist schwierig.»

Nun, das mag damit zu tun haben, dass die Tiere halt schlimm leben und elend getötet werden. Das sind keine Kollateralschäden, das ist die Essenz von Fleischkonsum und industrieller Tierhaltung. «Über die Tierhaltung wird in den Medien entschieden», sagt jener Professor. Damit ist unser Motto vorgegeben – strengen wir uns also an!

KUHWERBUNG

Und wieder einmal sind die deutschen Bauern sauer. Sauer auf den WDR, seit sich eine Folge der Sendung *Quarks & Co* der Kuh gewidmet und dabei einige unschöne Fakten breitgetreten hat. Zum Beispiel, dass mehr als die Hälfte der deutschen Rinder nicht auf die Weide kommen und dass fast alle zur Leistungsoptimierung Kraftfutter erhalten. Bauernverbände riefen zum Shitstorm: Wurde diese Sendung etwa heimlich vom Tierschutz finanziert? Hier sollte wohl eine Branche in den Dreck gezogen werden! Journalisten hätten keine Ahnung von Landwirtschaft.

Um diesen Fauxpas der Kollegen ein wenig wettzumachen, werde ich im Folgenden ausschließlich Zitate verwenden, die Agrar- und Veterinärzeitschriften entnommen sind.

«Funktioniert der Pansen, funktioniert auch die Kuh!», weiß *Elite. Magazin für Milcherzeuger* und vergleicht den Pansen mit

einem «Bioreaktor mit 200 Litern Fassungsvermögen». Die «zweiphasige Trockensteherfütterung», die «Gratwanderung in der Startphase der Laktation» und die «Rationsgestaltung für Hochleistungskühe» werden erklärt. Große Frage: «Futtereffizienz – ist die Ration ausgereizt?» Oder soll man «mit angezogener Handbremse füttern?»

Denn wo die Kuh nicht Bioreaktor ist, ist sie ein Rennwagen. In einer Anzeige «Tylan 200 – hilft, das Rennen gegen Mastitis zu gewinnen» stehen zwei Männer in roten Overalls um eine Kuh; ein dritter liegt unter ihr. Automechaniker beim Boxenstopp: Tylan 200 hat «die Siegerformel» gegen Mastitis. (Veterinäre schätzen, dass etwa ein Drittel aller Hochleistungskühe unter chronischer Euterentzündung leidet.)

Oder ist die Kuh kein Benziner, sondern ein Elektroauto? Mit dem Symbol eines Akkus mit fünf Balken wirbt eine andere Firma für ein Mittel, das «trockenstehende» Kühe vor Euterentzündung bewahren soll. Dann ist sie «voll aufgeladen».

Manche Landwirte verwechseln ihre Kühe nicht mit einem Auto, sondern wohl mit einer Frau, oder vielleicht liegt das ohnehin nah beieinander. «Adieu Problemzone» steht quer über einer Anzeige, auf der man eine unbekleidete langbeinige Frau an einem Strand entlangspazieren sieht. Sie hat makellose Schenkel. Genau wie die Kuh, die mit dem «Euter-Schenkel-Schaum» behandelt wird!

In einer Anzeigenserie nannte der Bayerische Bauernverband Milchbauern einst «Frauenversteher» und Kühe «Sahneschnitten». In Niedersachsen ließ ein Verband eine Kuh modelmäßig durch den Stallgang traben und warb so für «Niedersachsens Topmädels». Und auf einem Plakat des Bauernverbands Schleswig-Holstein verkündete ein Bauer: «Ich bin Bauer – weil ich Lust auf Milchkühe habe.» Fröhlich neben dem Euter vorbeigrinsend legte er derweil einer Kuh die Melkpumpen an.

Unvergessen in diesem leicht schwiemeligen Kontext ist auch die Facebook-Aktion diverser norddeutscher Jungbauern, die einander vor gut einem Jahr nackt und in Gummistiefeln in schwer zu interpretierenden Posen im Melkstall ablichteten. Meine diesbezügliche Presseanfrage an den Bauernverband Schleswig-Holstein blieb unbeantwortet.

Vor dem Milchgeben der Kuh steht die Geburt eines Kalbes. Die Zeitschrift *vetimpulse* (21 Jg. 10.) schreibt: «Die durchschnittliche Lebenserwartung der modernen Milchkühe sinkt stetig … Durch die frühe Erstbesamung der Tiere im Alter von 15 bis 20 Monaten sind die Kühe noch bis in die zweite Laktation hinein nicht ausgewachsen.» – Man besamt die Jungkühe (künstlich) also lange, bevor sie ausgewachsen sind.

Der Praktische Tierarzt (Heft 10, 2012) schreibt, dass die Geburt einen «sehr schmerzhaften Vorgang» darstellt. «Diese Schmerzen können die Kuh in Wohlbefinden und Leistung stark beeinträchtigen, so dass die Gabe von Schmerzmitteln sinnvoll erscheint. Allerdings müssen … Wartezeiten auf Milch und Fleisch berücksichtigt werden, und zudem ist der ökonomische Effekt einer Schmerzmittelgabe noch nicht bekannt.»

Und wer hat den Kühen früher geholfen? Sie sich selbst. «Als die Kälber noch bei den Kühen blieben, konnten die Kühe durch das Ablecken der Eihäute und des Fruchtwassers vom Kalb selber ein wenig ihre Schmerzen lindern, da das Fruchtwasser einen schmerzlindernden Effekt hat. Doch in der heutigen Form der Milchkuhhaltung ist das nicht mehr möglich.» Schließlich wird das Kalb sofort von der Mutter getrennt. – Reaktor, Auto oder juvenile Gebärmaschine … Wie tröstlich, dass der Präsident des Bauernverbands kürzlich versichert hat, dass es keine Massentierhaltung in Deutschland gibt.

KUHHANDEL

Es sind Szenen wie aus einem skandinavischen Krimi – nur dass es sich bei den Toten um Kühe handelte statt um Menschen: Ab Ende Dezember wurden immer wieder die Kadaver schwarz-weiß gefleckter Rinder an die dänische und die südschwedische Küste gespült. Einige Tiere waren mit blauem Seil an den Beinen gefesselt, andere per Bolzenschuss getötet worden. Die Ohren waren abgeschnitten – vermutlich, um eine Identifizierung anhand der Ohrmarken zu erschweren. Die schwedische und die dänische Polizei begannen zu ermitteln: Wahrscheinlich waren die Rinder von Bord eines Schiffes geworfen worden, aber wer transportiert Rinder per Schiff in die Ostsee? Wo genau wurden die Tiere ins Wasser geworfen, und woran starben sie tatsächlich?

Dass heute noch lebendes Vieh per Schiff transportiert wird, wissen die wenigsten. Am ehesten vermutet man solche Transporte am anderen Ende der Welt, zum Beispiel sind die Schaftransporte von Australien, dem Land der Wolle, in den Nahen Osten, einer Region mit hohem Konsum von Schaffleisch, berühmt-berüchtigt. Erst kürzlich starben dabei wieder 4000 Schafe – an Hitzestress, denn die Tiere sind an Bord kaum vor der Witterung geschützt.

Weniger bekannt hingegen sind Lebendtierverschiffungen, die nicht alternde Wollschafe oder ausgemergelte Schlachtrinder auf ihre letzte furchtbare Reise schicken, sondern Tiere zur Zucht um den halben Erdball schippern. Zum Beispiel exportieren die USA per Schiff Rinder nach Russland, und ungefähr ein Dutzend solcher Transporte durchfährt nach der Querung des Atlantiks jedes Jahr den Nord-Ostsee-Kanal. Auch bei den jüngst angespülten Kadavern ergaben die polizeilichen Nach-

forschungen, dass sie von der Abou Karim IV stammten, einem libanesischen Schiff, das 800 Kühe aus den USA in die Nähe von St. Petersburg transportieren sollte. Doch im Golf von Biscaya geriet das Schiff in einen Sturm, bei dem Dutzende Tiere umkamen.

Bereits die Tiertransporte an Land sind qualvoll; diese transatlantischen Seefahrten dauern an die vier Wochen, und wie die meisten Landwirbeltiere leiden auch Rinder unter den Bewegungen der See. «Meine schlimmsten Erinnerungen an das Leben auf See betreffen die Rinder. Zwei Dinge, die kein Seemann nach solch einem Erlebnis je wieder vergessen wird, sind das Elend und der Geruch ... Rinder werden seekrank, und das Auf und Ab des Schiffs macht sie wahnsinnig vor Angst ... 500 Stück Vieh, die von Seekrankheit geschüttelt werden, sind ein Albtraum», schrieb der holländische Schriftsteller und lebenslange Seefahrer Jan De Hartog in seinen Memoiren.

Es müssen entsetzliche Szenen gewesen sein. Bereits als die Abou Karim IV Brunsbüttel erreichte, waren mindestens 85 der 800 Tiere tot, und weitere elf starben offenbar beim Durchfahren des Nord-Ostsee-Kanals. Als das Schiff die Ostsee erreichte, waren demnach schon über zehn Prozent tot. «Das Problem ist bekannt, denn Rinder werden schon seit langer Zeit mit Schiffen transportiert, und es hat immer massenhaft Tode gegeben, weil es großen Stress verursacht. Es gibt sogar eine entsprechend benannte Krankheit, das Shipping Fever. Dabei handelt es sich um eine Infektion mit Pasteurellen oder Mykoplasmen, die innerhalb kürzester Zeit eine dramatische fieberhafte Lungenentzündung hervorrufen und zum Tode führen», erklärt Siegfried Ueberschär, emeritierter Professor für Tierpathologie an der Tierärztlichen Hochschule Hannover.

Anders als frühere Schiffe sind die heutigen mit modernen Systemen für Belüftung, Fütterung und Tränkung ausgestattet. Sie

führen Einstreu, Futter und Wasser für die gesamte Reisezeit mit sich. Erschreckend eng sind sie immer noch. Der größte Frachter seiner Art ist die MV Ocean Drover, die 2002 zugelassen wurde und bereits 2010 ihre hundertste Reise zurücklegte. Sie kann 18 000 Rinder oder 75 000 Schafe transportieren – auf neun Decks und insgesamt 24 000 Quadratmetern. Da fällt es nicht schwer auszurechnen, dass jedes Rind wenig mehr als einen Quadratmeter zur Verfügung hat beziehungsweise drei Schafe sich einen Quadratmeter teilen.

Schon aufgrund der Zollbestimmungen dürfen die Tiere unterwegs nicht abgeladen werden, und in der Enge müssen die Tiere um das Wenige konkurrieren. Sophie Greger von der auf Tiertransporte spezialisierten Tierschutzorganisation Animals Angels berichtet, dass es immer wieder Probleme mit den Ventilationsgeräten gebe. «Und wenn vier Wochen lang Dung anfällt, staut sich natürlich der Urin, und der Ammoniak greift die Atemwege an. Meist stehen die ranghöheren Tiere dort, wo Futter und Wasser gut erreichbar sind, die schwächeren weiter hinten. Ähnlich ist es beim Hinlegen: Wenn sich die Ranghöheren hinlegen, nehmen sie so viel Platz ein, dass sich die Schwächeren nicht mehr ablegen können; allerdings können die liegenden auch schwer wieder aufstehen.»

Es braucht weder viel Fantasie noch Spezialwissen, um sich klarzumachen, dass solche mehrwöchigen Transporte wahre Höllenfahrten sind. Man könnte daher meinen, dass es sich um eine aussterbende Praxis handelt, doch leider ist das Gegenteil der Fall. Der US-amerikanische Hafen Wilmington, aus dem auch die jetzigen Unglückskühe stammten, rühmt sich: «Die unermüdlichen Anstrengungen der Livestock Exporter Association, neue Märkte für den Import amerikanischen Zuchtviehs zu eröffnen, waren erfolgreich. Am 7. Februar 2013 hat Jordanien seine Tore für die Importe geöffnet, ihm folgten am 5. März Irak

und Kasachstan am 15. März. Es ist anzunehmen, dass sich auch Pakistan bald Importen öffnen wird.»

Auch die Europäer sind anscheinend «unermüdlich». So haben Bukarester Regierungsstellen jüngst mit Pekinger Behörden ein Protokoll unterzeichnet, das für die nächsten sieben bis zehn Jahre den Verkauf von mehr als 500 000 Kühen nach China vereinbart – um Zuchtkühe für den steigenden chinesischen Milchkonsum zu liefern. Es ist ja nicht so, dass der Milchbedarf Chinas gänzlich «von sich aus» steigen würde; sondern amerikanische und europäische Viehzüchter suchen nach immer weiteren Märkten für ihre Waren. Und hier ist die «Ware» leider ein Tier.

Am 11. Dezember hatte die Abou Karim IV. in den USA abgelegt, fuhr am Morgen des 27. Dezember bei Brunsbüttel in die Elbmündung ein und erreichte über den Nord-Ostsee-Kanal am Abend die Ostsee. Am 7. Januar soll sie Litauen erreicht haben. Am Bestimmungsort angelangt, wollten die russischen Käufer die Kadaver natürlich nicht haben, darum fuhr das Schiff auf die offene See. Die Gliedmaßen einiger Kühe wurden zusammengebunden, damit man sie mit dem Kran leichter greifen konnte; man warf die toten Tiere über Bord. Hundert Seemeilen von der Küste entfernt ist solches Entsorgen erlaubt.

Weil sich den nautischen Berechnungen und Strömungssimulationen zufolge das Abladen ordnungsgemäß in internationalem Gewässer abspielte, seien er und seine schwedischen Kollegen nicht zu weiteren Ermittlungen befugt, sagt der dänische Chef-Inspektor Ole Rasmussen. Bisher wurden bereits fünfzehn Kadaver angespült, die übrigen liegen oder treiben noch in der Ostsee. Einige der Tiere sollen derzeit obduziert werden, weil man herausfinden will, ob sie mit einer Tierseuche infiziert waren. Doch schon vorab lässt sich zur Todesursache zweifelsfrei sagen: Diese Kühe wurden Opfer einer wachsenden, weltumspannenden, Tieren gegenüber respektlosen Industrie.

DAS HEIM ALS FALLE

Es wird viel über Massentierhaltung geschimpft. Aber zu den Argumenten *pro* Tierhaltung gehört ja, dass wir den Tieren nicht nur etwas nehmen, sondern auch etwas geben. Zum Beispiel bieten wir ihnen Schutz vor Witterungsverhältnissen und somit einen Komfort, in dessen Genuss wild lebende Tiere nicht kommen. Wildschweine kämpfen sich alleine durch den Winter. Hausschweine haben einen warmen Stall.

Zu warm vielleicht. Denn kürzlich ging ich eine Art Wette ein mit einer Bekannten, die behauptete, jeden Monat würden in Deutschland mindestens zwei, drei Ställe brennen – mitsamt Insassen. Ich sagte: Du spinnst, das ist in einem Land mit so strengen Brandschutzauflagen wie bei uns nicht möglich. Sie sagte: Ich schicke dir mal einen Monat lang alle Online-Meldungen zu.

Drei Tage später brannte eine Ferkelzucht in Stemwede; der Inhaber war ironischerweise Feuerwehrmann. Von den 600 Tieren im Stall konnten einige Säue gerettet werden; 500 Ferkel und zwölf Säue kamen um. Einen Tag darauf brannte ein Ferkelstall im baden-württembergischen Rißtissen. 300 Ferkel starben; unklar, ob sie im Rauch erstickten oder das einstürzende Dach sie begrub.

Einen weiteren Tag später brannte ein Stall im Landkreis Bayreuth; fünfzig Ferkel und einige Muttersauen konnten gerettet werden; andere wurden notgeschlachtet. Die Lokalzeitung titelte: «Gefräßige Schweine verursachen Brand.» Möglicherweise hatten sie eine elektrische Leitung angefressen. (Müssen Landwirte die Kabel nicht sichern? Meerschweinchenhalter jedenfalls wissen so was.)

Langsam begann ich zu befürchten, die Geschichte der Ferkel-

zucht müsse eventuell neu geschrieben werden. Drei Brände in drei Tagen – das war ja mehr eine Ferkelvernichtung als eine Zucht! Doch dann kam zum Glück erst mal eine Pause.
Erst zweieinhalb Wochen später verbrannten 2000 Hühnerküken bei einem Schwelbrand im Kreis Gütersloh. Keine Tiere waren ums Leben gekommen bei einem Stallbrand im Kreis Celle, und auch nicht in jenem mecklenburgischen Putenstall, der kurz davor abbrannte. In beiden Fällen sollten die Küken erst am folgenden Tag angeliefert werden. Solche Brände kommen recht häufig vor, erzählte mir diese Freundin, weil man die Geflügelställe aufheizt, bevor man die Küken aus der Brüterei kauft und in den Mastbetrieben «einstallt». Die Küken frieren, sie haben schließlich keine Mutter. Wenn die Wärmelampen oder Gasheizungen das Stroh dann in Brand setzen, sind die Küken manchmal schon drin, manchmal noch nicht.
Zu diesem Problem im Winter gibt es übrigens ein Pendant im Sommer, wenn oft Zigtausende von Hühnern und Puten ersticken, weil die Kühlungssysteme der Ställe Temperaturen über 30 Grad kaum bewältigen. Hühner können nicht schwitzen. Sie stellen die Flügel auf, um mehr Luft an den Körper zu lassen. Wie Hunde hecheln sie durch den Schnabel, doch das hält ihr Kreislauf nur wenige Stunden durch. Und diese Abkühlung funktioniert auch nur, wenn die Luft nicht zu feucht ist. Ab einer gewissen Sättigung findet keine weitere Verdunstung mehr statt.
Und so sitzen diese Tiere in den Sommermonaten, statt im Freien kühle Plätze unter Bäumen aufzusuchen, zu Zehntausenden in Massenställen fest. Eine Sprühkühlung gibt feine Wassertröpfchen in die Luft ab. Doch wenn eine gewisse Temperatur erreicht und die Außenluft schwül ist, setzt die Physik diesem Kühlsystem Grenzen. Und darum sterben jeden Sommer Zigtausende von Hühnern, Puten und Enten einen gnadenlos langsamen Hitzetod.

Einzeln gezählt werden sie nicht, nur die abtransportierten Mengen lassen sich rekonstruieren: Allein in Niedersachsen starben 2012 an den drei heißesten Tagen im August 45 «Tonnen» Hühner und 197 «Tonnen» Puten. In Österreich erdrückten sich an einem Wochenende im Jahr 2012 etwa 5000 Hühner gegenseitig bei dem Versuch, durch einen Türspalt am Boden Frischluft zu erhaschen. Massenpanik wegen ein bisschen Frischluft.

Es gibt also diverse Möglichkeiten, in einem Stall zu Tode zu kommen. Wenige Tage nach dem erwähnten Brand in Dissau ist auf einem Hof Gülle ausgelaufen, bis sie im Schweinestall 40 Zentimeter hoch stand. Schweine kamen nicht ums Leben. Nur im angrenzenden Schafstall wurden ein Lamm und das Mutterschaf tot aufgefunden. Kurz darauf tötete ein Stromschlag sechs Kühe in Niederbayern. Und zwar übertrug sich der Strom von einem defekten Wasserkocher über den Stallboden auf die Metallketten, mit denen die Kühe angebunden (!) waren.

Zwei Tage vor Ablauf der «Wette» brannte in Oberbayern eine Kälberhütte samt Kalb. Das Kalb überlebte mit starken Verbrennungen und tiefen Wunden – aber nur eine Woche lang. Als ich im Internet das Foto des verkohlten Tiers sah, verfluchte ich mich dafür, dass ich je auf die Idee zu diesem Artikel verfallen war.

Ja, man mag allmählich das Gefühl haben, alles über Massentierhaltung zu wissen, was es zu wissen gibt, doch die Tierindustrie hat immer noch ein paar Überraschungen auf Lager.

Sommers wie winters, in den Ställen «bekommen» die Tiere nichts von uns, da ist nichts mit besonderer Fürsorge, da wird kein toller Komfort geboten. Im Freien können die Tiere selbst Schutz suchen, doch der Stall wird ihnen oft zur Todesfalle. Wir nehmen den Tieren Freiheit und Leben – doch was wir ihnen geben, sehe ich nicht.

DAS ZARTE LIEBESLEBEN VON GANTER ESMERALD

Als ich auf meinen kleinen Hof zog, lebten hier bereits seit einigen Jahren zwei alte Gänse, genauer: ein Paar von Gantern. Der eine weiß, der andere grau. Sie waren die bösartigsten Tiere, denen ich je begegnet bin. Keineswegs bewachten sie nach Art der Gänse des römischen Kapitols mein Haus, um mich vor Eindringlingen zu schützen – vielmehr bewachten sie mein Haus vor mir, und ebenso meinen Garten und mein Auto. Nachts standen sie auf meiner Terrasse, verunstalteten diese mit großen Bergen ihres grasgrünen Outputs und klopften unermüdlich an die Glastür, sobald ich im Wohnzimmer Licht anmachte. Am Tag überfielen sie meine Gäste und mich, wenn wir uns ins Freie trauten, und nahmen unsere Waden in den Schraubstock ihrer scharf gezackten Schnäbel. Bis heute habe ich an beiden Beinen knapp überm Knie Narben von den Bissen des weißen Ganters namens Ferdinand.

Dann, eines Morgens, kam nur der andere, der graue Esmerald, um die Ecke geflitzt, als ich mich in den Garten wagte. Ich suchte Ferdinand und fand seinen Körper in der Nähe des Waldes. Zerbissen, ausgeweidet … Egal, wie garstig das Tier gewesen war: Der Anblick verfolgte mich tagelang.

Und ebenso viele Tage verbrachte ich damit, für Esmerald einen neuen Partner zu finden. Weil ich wusste, dass er früher eine eigene kleine Gänsefamilie gehabt hatte, nahm ich an, dass er seitdem nur notgedrungen schwul gelebt hatte und ihm eine weibliche Gans wohl lieber wäre. Ich telefonierte halb Deutschland ab. Es war Februar, und es schien weit und breit keine Gänse zu geben. Ich verstand gar nicht, wo all die Gänse hingekommen waren, von denen ich vor ein paar Monaten noch in Kleinanzeigen gelesen hatte, bis mir eine Frau mit ein wenig trauriger

Stimme sagte: «Leider kann ich Ihnen nicht helfen. Meine Gänse sind alle letzten Winter gestorben.»
Gestorben?! Es klang nach einer schrecklichen Seuche, doch als ich nachfragte, erklärte sie mir: «Die wurden für Weihnachten geschlachtet.» Danach verstand ich den allgemeinen Schwund an Gänsen: Offenbar behalten Gänsezüchter nur so viele Paare, wie sie zur Aufzucht der nächsten Generation Mastgänse brauchen. Diese schlüpfen ungefähr ab Mai und werden dann bis zum Winter gemästet.
Nur durch einen Zufall gelang es mir schließlich, Gisela, eine zierliche, weiße Gans, zu erwerben. Sie und Esmerald blickten einander in die Augen und waren sofort ein Paar. Zu sehen, wie Gisela ihren Esmerald in die Technik heterosexuellen Verkehrs einführte, war erstaunlich. Beide standen sie neben ihrer Badeschüssel, Gisela begann, Esmi in den Hals zu zwicken – und plötzlich schien ihm einzufallen, welchem Zweck diese Geste diente. Er erwiderte sie und begattete Gisela. Danach stieg er halb von ihr herunter, beließ einen seiner Watschelfüße auf ihrem Rücken wie ein Jäger den Fuß auf seiner Trophäe und stieß das typische Triumphtrompeten aus. Ich schaute Gisela an, wie sie diese patriarchalische Geste wohl aufnähme, und musste lachen: Selten hatte ich eine mit der Ausführung ihrer Pläne zufriedenere (Gänse-)Frau gesehen.
Im Übrigen besaß Gisela tadellose Manieren, stahlblaue Augen und einen äußerst zivilisierenden Einfluss auf Esmerald. Schon nach wenigen Wochen war nichts mehr mit dem üblichen aggressiven Zischen und Beißen. Die Gänse begleiteten mich, wenn ich durch den Garten spazierte, ruhten im Sommer neben meiner Hängematte und ließen sich gelegentlich sogar streicheln (obwohl sie danach so rasch baden gingen, dass ich einsehen musste, welch grobe Verunreinigung die Berührung durch eine menschliche Hand ihrer Meinung nach darstellte).

Und doch, obwohl Esmerald seine Gisela sichtlich liebte – sein jahrelanger Gefährte Ferdinand war nicht vergessen. In den ersten Wochen suchte Esmerald zwei, drei Mal am Tag die Erinnerung heim, er begann, klagende Rufe auszustoßen und den alten Partner zu suchen. Er schlüpfte durch kleinste Löcher im Zaun, watschelte auf dem Hof herum bis zum See, in dem er und Ferdinand früher geschwommen waren. Derweil stieß Gisela ihrerseits Rufe des Verlassenseins und der Einsamkeit aus. Mehrmals täglich musste ich den trauernden Esmerald wieder zu seiner neuen Partnerin heimführen, deren Anblick ihn dann doch auch wieder beruhigte. – Ja, solcher Art sind die Gemüter dieser Tiere, die alljährlich im Dezember «sterben» und später in Folie verpackt in den Kühltruhen unserer Supermärkte liegen.

FUNDSTÜCKE IN KARTON UND EIMER

Eine Freundin von mir fährt Altglas wegbringen und sagt so nebenher: «Mal sehen, man weiß nie, was man findet.» Früher hat sie im Tierheim gearbeitet. Ich verstehe den Zusammenhang zuerst nicht.

«Na, die Leute setzen Tiere doch gern bei Glas- und Papiercontainern aus. Ich wurde oft gerufen und bin hingefahren. Wir hatten schon alles: Katzen, Kaninchen, Meerschweinchen, Hamster, Mäuse. Die sind dann in Kartons, oder manchmal im Käfig. Katzen auch im Katzenkörbchen.

Man sieht das ja nicht immer gleich, die Leute schmeißen ganze Kartons mit Altpapier drin weg. In zehn Kartons ist Altpapier, in einem ist dann ein Meerschweinchen drin. Manchmal werden die mitverschrottet, manchmal befreien die sich selbst, oder sie fressen sich durch, oder der Karton regnet weg. Jetzt guck ich immer nach: in jedem Karton, jedem großen Pott, jedem Eimer, der da steht.»

Im Eimer?

«Einmal hatten wir eine Schildkröte, die war in einem Eimer. Ovaler Farbeimer, ovale Schildkröte. Der Deckel war drauf. Jemand hat sie beim Altglas gefunden und bei der Polizei angerufen. Die war zum Glück recht aktiv, das war eine Weichschildkröte, die hat Krawall gemacht, die wollte da raus, das hat jemand gehört.»

Jetzt ist immerhin Advent, zu Weihnachten gibt es Geschenke …

«Die Leute bilden sich ein, das ist ein ausgefallenes Geschenk, was Exklusives. Aber geh mal in nen Zooladen, die Tiere kosten doch nur ein paar Euro. Oft werden sie klein verschenkt, mit der Zeit werden sie erwachsen und langweilig. Eine Weile geht das gut, bis die Kids die leid sind.»

Tiere sind keine Waren. Tiere sind keine Geschenke!

«Vor dem Tierheim standen morgens oft Tiere unter der Laterne, Hunde und Katzen und so. Meistens werden die ohne Essen ausgesetzt, aber manchmal, wenn wir nachts Kontrolle gegangen sind, haben wir nur noch einen Napf und Wasser gefunden und eine Leine, aber der Hund hatte sich schon losgerissen. Oder einfach einen Napf mit Katzenfutter, und die Leute glaubten wohl, die Katze wartet da, bis morgens jemand kommt.»

Die Katze war längst weggelaufen. Anders als jenes Kaninchen.

«Ich hab mal eins vom Wanderparkplatz geholt, mitten im Wald,

die nächste menschliche Siedlung war kilometerweit weg. Und das Kaninchen saß da ganz allein. Am ersten Tag haben wir es nicht gekriegt, am zweiten hat es sich einfangen lassen. Die Kaninchen sind relativ strandorttreu.»

Während wir telefonieren, schickt sie mir per Mail ein paar Fotos: «Einmal Meerschweinchen im typischen Supermarkt-Bananenkarton. Einen Skorpion im Koffer hatten wir natürlich auch schon. Und dann einen jungen Mann, der mich hysterisch zu Hilfe rief: Seine Ex hatte ihm eine Schlange durch den Briefkasten in die Wohnung geworfen. Ich hab die komplette Wohnung demontiert. Die Schlange wurde nicht gefunden – und der Typ hat nie wieder seine Bude betreten.»

Tiere sind keine Briefschlitzbomben!

«Vielleicht finde ich noch die Fotos, wo wir aus einer 20 Meter hohen Tanne einen Leguan geangelt haben. Anrufe mit ‹Hier sitzt eine Smaragdeidechse auf meiner Terrasse› sind auch nett. Habe mich gleich gewundert: Smaragdeidechse? Gibts hier nicht. Also fahr ich los, wieder ein Leguan.» Einmal holte sie einen Waran aus dem Freibad, der seinem Herrchen entwischt war.

Exotische Tiere sind keine Accessoires, keine Deko!

Aber auch einheimische «Nutztiere» werden verschenkt: Mich fragte einmal eine Frau, ob ich ein weiteres Huhn nehmen könne. Freunde hatten es ihrer Tochter zum Einzug in die neue Wohnung geschenkt. Als Eierlieferantin. In einer Stadtwohnung! Neulich wurde ein Platz für ein Schaf gesucht. Als Lamm bekam es jemand zum Abitur. Es wurde mit der Flasche aufgezogen und sehr zahm. Mit anderen Schafen freundete es sich nie an. Eigentlich wollte es immer bei Menschen leben, aber irgendwann war es für die Wohnung zu groß.

Recht beliebt sind auch, man glaubt es kaum, Ferkel als Glücksbringer zur Hochzeit. Oder zum Firmenjubiläum. Jan Gerdes

von Hof Butenland erinnert sich an die Geschichte von dem dicken, blinden Schwein Rudi. «Rudi war einem Autohaus zum Fünfundzwanzigsten geschenkt worden, da war er noch niedlich und klein und hatte eine rosa Schleife um. Sie bauten ihm einen Verschlag, kauften Mastfutter – er wurde so fett, dass sich die Fettwülste über die Augen legten. Als wir ihn bekamen, war er schon blind.»
Tiere gehören nicht auf den Gabentisch oder unter den Weihnachtsbaum

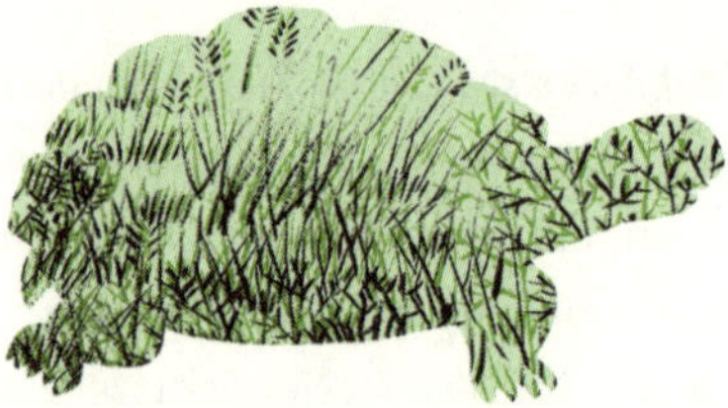

VIEL AUFREGUNG UM JOSH

Mein kleiner Josh ist schon immer ein besonders liebes Schaf gewesen. Und am Anfang sogar wirklich noch ach so klein: der Mickerigste in einem Wurf von dreien. «Auf den musste achten, den musste mit der Flasche zufüttern», sagte der Tierarzt. Das tat ich, und Josh wuchs heran, wurde der größte der Herde, 130 Kilo reine Gutmütigkeit, eingehüllt in drei Wollpullover. Wenn Besucher ihn kraulen, lehnt er sich bisweilen so kräftig an sie, dass sie umfallen; aber wenn Kinder kommen, hält er immer ganz andächtig still. Eine Seele von Schaf, ein Teddybär!
Und so brach es mir schier das Herz, als ich genau eine Woche vor Weihnachten sah, dass mit dem kleinen Josh anscheinend etwas nicht stimmte. Er trank und trank; nicht wie die anderen Schafe, nicht direkt aus dem Trog, sondern er fuhr mit seiner ganzen langen Zunge den Rand entlang, wieder und wieder.

Was konnte das heißen? Diabetes? Nierenversagen? Mineralmangel? Schließlich rief ich den Experten in der Tierärztlichen Hochschule Hannover an. Diabetes und all das sei bei Schafen sehr selten. Doch wenn ich ganz sicher gehen wolle, sagte man mir, dann müsse ich eine Blutprobe und eine Urinprobe vorbeibringen, gewonnen im Abstand weniger Stunden. Und zwar am selben Tag noch. Wegen Weihnachten war das Labor nicht wie sonst geöffnet. Zwei Tage vor Heiligabend war das.

Es gibt Postkarten, auf denen steht, dass Tiere Weihnachten nicht mögen. Insbesondere die Gänse nicht. Eine Bekannte von mir geht an den Weihnachtstagen immer mit ihren zahmen Gänsen im Ort spazieren. «Seht ihr, auch so kann man mit Gänsen umgehen, das ist doch viel schöner», will sie den Nachbarn beim Festbraten demonstrieren. Auch ich habe zwei Gänse. Mir war vorher nicht klar gewesen, was für Clowns Gänse sind. Wenn Gäste zu Besuch kommen, mit all dem Stress oder irgendwelchen Bedrückungen der Liebe, bitte ich sie, abends die Gänse in den Stall zu treiben. Sie watscheln unbeholfen, doch eilig. Sie blicken um sich, ob der Mensch auch hinterherkommt – dann sind sie empört; aber wenn er es nicht tut, sind sie noch empörter. Ununterbrochenes Geschnatter in diversen Tonlagen. Es gibt keinen Gast, egal wie bedrückt er ist, den das nicht zumindest zum Schmunzeln gebracht hat. Ja, Gänse sind Clowns. Doch wegen ihrer Daunen müssen sie leiden. In Deutschland darf man lebenden Gänsen keine Federn ausreißen, also was tut Deutschland? Es importiert Daunen aus anderen Ländern, zum Beispiel Polen. Lebendrupf heißt das. Es ist anzunehmen, dass Gänse den ganzen Winter nicht mögen, wegen der Daunenjacken. Keine Campingplätze, wegen der Schlafsäcke. Und natürlich auch keine überdachten Schlafzimmer. So gesehen ist für Gänse jeden Tag Weihnachten.

Und wie um alles in der Welt gewinnt man nun Urin bei einem Schaf? «Im Grunde gibt es da zwei Methoden», sagte der Professor. «Die erste wird Ihnen nicht gefallen. Man hält dem Schaf die Nasenlöcher zu, und nach 45 Sekunden sollte es anfangen zu urinieren.» «Aus Todesangst?», fragte ich. «So ungefähr.» Ich fragte nach der zweiten Methode. «Sie nehmen eine Suppenkelle, stellen sich neben das Schaf und warten, bis es pinkelt.» Verblüffend. Ich dachte, so ein Tag kann lang werden, wenn man mit einer Suppenkelle neben einem Schaf steht. Oder animierte die Suppenkelle ein Schaf genau wie ein laufender Wasserhahn ein Menschenkind?
Ich holte eine Suppenkelle, ging in den Stall und stellte mich neben Josh. Josh drehte kurz interessiert den Kopf zu mir um, dann kaute er seelenruhig weiter. Er dachte natürlich nicht daran, zu pinkeln. Eine Suppenkelle hat keinerlei magnetischen Effekt auf die Schafsblase. Nach einer Weile wurde es mir zu blöd. Ich holte einen Latexhandschuh und etwas Silbertape und klebte Josh den Handschuh rund um den Penis. (Technische Info: Bei Schafen sitzt der Penis ungefähr da, wo bei uns der Bauchnabel ist. Und ich klebte das Tape natürlich nicht *auf* den Penis, sondern an die Wolle, ganz zart. Dabei lag ich mit dem Oberkörper unterm Josh wie ein Mechaniker unterm Auto). Ich ging ins Haus, kehrte nach einer halben Stunde zurück: Vor dem Stall stand, wie festgenagelt, ein nun höchst alarmiert dreinschauender Josh. Da war etwas geschehen, und er verstand nicht, was. Ein halb gefüllter Latexhandschuh hing ihm unten am Bauch.

Die Todesangst der Tiere, ich glaube, dass wir uns keine Vorstellungen von ihr machen. Wir ignorieren sie. Ein Tierarzt will dem Tier helfen, jagt ihm dabei aber Todesangst ein … und das ist die Standardmethode? Und dann erst die Angst der Schweine im Transporter, die Hühnchen, dichtgedrängt in Käfigen mit 23 Zentimeter Höhe, wie sie in den Tod fah-

ren … Neulich stand ich in Wietze vor einem von Europas größten Geflügel-Schlachthöfen. Alle fünf bis zehn Minuten fuhren LKWs an, jeder mit etlichen tausend Hühnern, man sah sie undeutlich zwischen den Gittern ihrer Käfige. Drinnen werden sie in Fließbänder gehängt, kopfüber, durchs Elektrobad gefahren, kriegen dann den Kopf abgesäbelt. Einmal im Leben habe ich die Todesschreie von Hühnern gehört. Das vergesse ich nie wieder. Wenn irgendwas dran wäre an dem ganzen Fantasy-und Esoquatsch, dann wäre rund um Wietze die Atmosphäre energetisch dermaßen negativ aufgeladen, schlechtes Karma und so was – uns Menschen müssten Zähne und Haare ausfallen, sobald wir uns diesem Ort nähern. Geschieht aber nicht. Drinnen Hölle, draußen tickt die Welt ganz normal weiter.

Innerhalb weniger Stunden nach der Urinprobe musste auch das Blut entnommen werden; das erwies sich als noch schwieriger. Der Landtierarzt hatte Notfälle bis tief in die Nacht (dass es um meinen Josh ging, zählte er wohl nicht als Notfall, pah!). Ich telefonierte überall herum und überredete schließlich einen befreundeten Kleintierarzt zum Hausbesuch. «Das letzte Mal, dass ich bei einem Schaf Blut abgenommen habe, war während des Studiums», sagte er skeptisch, als er den 130-Kilo-Hammel erblickte. Dann fiel ihm ein, was er über Patientenpsychologie gelernt hatte: «Aber das wird schon.»
Es wurde erst nach etlichen Anläufen. Der Tierarzt piekste in Hals, Schwanz, Hinterbein – sogar der gutmütige Josh wurde langsam hibbelig … Da sprudelte endlich Blut ins Stroh wie ein kleiner Quell. Alhamdulillah! riefen die den Josh mit festhaltende Nachbarin und ich. Es war schon dunkel, es wurde neblig, die Straße war nass und die Außentemperatur an der Null-Grad-Grenze; ich packte Blut und Urin in eine Kühlbox und fuhr los. Knappe zwei Stunden Autofahrt waren das noch bis nach Hannover.

Wir ignorieren nicht nur die Todesangst der Tiere, sondern oft auch ihren Schmerz. Vielen Lämmern kupiert man den Schwanz. Man streift ihnen Gummiringe über die Schwänze, die klemmen die Nerven und Blutgefäße ab. Irgendwann stirbt der Schwanz ab und fällt runter, als totes Gewerbe. «Das ist keine grausame Methode», sagte mir ein Schafzüchter, «laut Untersuchungen dauert der Schmerz nur zwei Stunden!» «Zwei Stunden?», fragte ich. «Wenn Sie beim Zahnarzt sind, lassen Sie sich doch auch eine Spritze geben, dabei geht das viel schneller als zwei Stunden.» – Als ob nicht in jedem dieser Tiere jemand «wohnte», der Schmerz und Leid und Freude genauso real wahrnähme wie wir.

Die Tierärztliche Hochschule lag in der Dunkelheit wie London im Nebel. Das Pförtnerhäuschen war zu, weit und breit war niemand zu sehen, ich irrte mit meiner Kühlbox durch die Gässchen zwischen den vielen kleinen und langen Gebäuden und fühlte mich wie in einer Verfilmung von Sherlock Holmes. Dort drüben war Licht. Waren das etwa Ochs und Esel? Nein, eine Art Garage, darin eine tote Kuh. Mir war nicht klar gewesen, wie groß tote Kühe sind. Lebende vermutlich genauso. Die vier Beine reglos, da lag sie nun. Ein tolles Omen ist das ja nicht, wenn man ein Krankenhaus aufsucht … Seuche? Fehlgeschlagene OP? Tierversuch?

In der Nähe von Hamburg habe ich einmal ein «Labor und Sammellager» für Tierversuche angeschaut. Ringsum Natozaun, doch wenn man sich vom Feldweg her nähert, sieht man die Zwinger mit den Beagles. Unentwegt springen sie an ihren Käfigwänden auf und nieder und bellen. Viele Anwohner hatten jahrelang gedacht, es handele sich um eine übliche Hundezucht! Jetzt, wo sie's besser wissen, engagieren sich viele in einer Bürgerinitiative. Diese Firma testet Giftstoffe im Auftrag anderer Firmen. Auf ihrer Website bietet sie folgende Testvarianten an: oral, intraperitoneal (Injektion ins Bauchfell), intravenös, per Infusion, der-

mal, per Inhalation, intravaginal, intrathekal (ins Rückenmark), rektal und per Eingabe in den Augenlidsack. Was sind das für Menschen, die hier arbeiten? Nein, es sind keineswegs Sadisten. Viele von ihnen sind Tierpfleger geworden, gerade weil sie Tiere liebten. Erst später merkten sie: Es gibt nicht für alle Arbeit im Streichelzoo … Angeblich teilt man Tierpflegern in Laboren jeweils ein Tier zu, das sie dauerhaft betreuen dürfen, das nicht «verwendet» wird. Weil sie es sonst nicht aushalten. Und wir, wir draußen? Alles, was wir anfassen, wurde an Tieren getestet. Vom Lacklösungsmittel über die Spültabs bis zu dem Material, aus dem Elektrozahnbürsten sind.

Endlich fand ich das Labor und gab Joshs diverse Flüssigkeiten ab. Von nun an hieß es warten. Am nächsten Morgen rief ich den Professor an und erkundigte mich beiläufig, ob die Proben angekommen seien. Ja, sie waren. Mittags rief ich an, ich sei kurz draußen gewesen, ob man inzwischen bei mir angerufen habe? Nein. Ich wartete weiter wie ein Vater vorm Kreißsaal. Um drei klingelte endlich das Telefon. «Ihr Schaf hat nichts», sagte der Schafexperte. – «Keine Nierensache? Kein Diabetes?» – «Gar nichts. Kann sein, dass er kürzlich eine Blasenentzündung hatte. Aber eigentlich würde ich sagen: Das ist ein Schaf, das einfach viel trinkt. Und auf sonderbare Weise, das dauert halt länger.»
Ich legte auf, ging zum Stall hinüber. Josh stand schon wieder an der Tränke. «Alles wegen dir: Hunderte von Autobahnkilometern und tote Kühe im Nebel», schimpfte ich. «Bloß weil du dir dieses bekloppte Trinken angewöhnt hast!» Josh guckte kurz hoch, streckte die lange Zunge aus und fuhr mit ihr noch ungefähr hundert Mal am Rand der Tränke entlang. Erst als ich ihm in die dicke Wolle langte und ihn kraulte, hielt er inne und schloss genießerisch die Augen. Er ist und bleibt mein Teddybär.

IN FREIHEIT

Zuerst dachte ich, dass ich noch träumte – die Wiese hinterm Haus war bevölkert wie auf einem Jahrmarkt. Es muhte und grunzte, und die dort muhten und grunzten, die kannte ich nicht. Ich bat meine Katze, mich zum Aufwachen leicht zu kneifen. «Mach mir Frühstück», sagte sie, «und nur zur Info: Die sind echt.» In den Morgennachrichten wurde gemeldet, dass Tiere allerorten die Menschenräume überströmten; man hatte alle freilassen müssen, seit über Nacht die Massentierhaltung und Labore verboten worden waren. «Ihr seid frei!», rief ich. Aber sie waren alle mit Grasen beschäftigt, und nur eine einzige hünenhafte Kuh schaute kurz auf.

Sie waren in keinem guten Zustand: Die Milchkühe waren abgemagert und hatten entzündete Euter, die Schweine humpelten und hatten stinkende Wunden. In ihren Mastbetrieben hatten sie gedrängelt und einander gebissen, das hatte sich alles infiziert. Ich rief unsern Tierarzt an. «Ich komm gegen Mittag», versprach er, «du ahnst nicht, was heut los ist!» Überall wurden die Freigekommenen von Menschen gepflegt. Der Tierarzt machte ein ernstes Gesicht, als er die Kühe und Schweine untersuchte: diese Rieseneuter, diese viel zu schweren Körper – die waren ja schon alle so bescheuert gezüchtet. «Aber mach dir keine Sorgen, du gibst jedem Tier von diesen Tropfen, damit kommt alles wieder hin.»

Es war ein schönes Bild, wie sich die Gesichter der Tiere allmählich entspannten; für die meisten war es ja der erste Tag, an dem sie Erde fühlten und Himmel sahen. Kurz überschlug ich, wie viel Weidefläche man für sie brauchte; ein umgeleiteter Bach, plus tausend Tonnen Rüben als Wintervorrat. Na, das wird noch ein Abenteuer geben, dachte ich. Die vierzig Schafe, die schon

vorher zu mir gehörten, müssten den Neuankömmlingen beim Zurechtfinden helfen. Und das taten sie auch. Schon am Abend stürmten Schafe, Kühe und Schweine gemeinsam den Stall, um ihr Feierabendbier zu genießen und eine Runde Karten.
Überm Stalldach ging der Mond auf, seit dem Morgen hatte er sich verdoppelt. Schon so lange hatte ihm der Kummer sämtliche Gliedmaßen abgeschnürt; nun war er gelöst, er ging in die Breite und strahlte um ein Vielfaches heller als sonst.

«ES IST JA BLOSS EIN TIER»

Das Bequeme am Internet ist: Man kann jedes Zitat sofort und leicht finden. Bildungshuber sind nicht mehr im Vorteil, und das lange Rätseln hat ein Ende. («Hat Goethe nicht mal was über Pudel geschrieben?») Der Nachteil ist, dass man auch Zitate findet, die es so gar nicht gibt. Sie werden wieder und wieder von Google an die Oberfläche gespült, sind gleichsam bereits kanonisiert, bevor sie eigentlich geäußert wurden, und ihre toten «Urheber» können sich nicht einmal wehren. Zu diesen «Zitaten» gehört eines von Theodor W. Adorno, der angeblich geschrieben hat: «Auschwitz fängt da an, wo einer im Schlachthaus steht und denkt: ‹es sind ja nur Tiere›.» Tatsächlich findet sich die dem am ehesten entsprechende Adorno-Stelle am Anfang des 68. Aphorismus der *Minima Moralia* und lautet: «Die stets wieder begegnende Aussage,

Wilde, Schwarze, Japaner glichen Tieren, etwa Affen, enthält bereits den Schlüssel zum Pogrom. Über dessen Möglichkeit wird entschieden in dem Augenblick, in dem das Auge eines tödlich verwundeten Tiers den Menschen trifft. Der Trotz, mit dem er diesen Blick von sich schiebt – ‹es ist ja bloß ein Tier› –, wiederholt sich unaufhaltsam in den Grausamkeiten an Menschen, in denen die Täter das ‹Nur ein Tier› immer wieder sich bestätigen müssen, weil sie es schon am Tier nie ganz glauben konnten.»
Was meinte Adorno damit, und was meinte er nicht?
Adorno und Horkheimer haben einiges zum Unterdrückungsverhältnis zwischen Mensch und Tier geschrieben, aber dass sie im heutigen Sinne Tierrechte befürwortet hätten, darauf gibt es keinen Hinweis. Vor allem wollte Adorno mit dem in den 1940er Jahren entstandenen Aphorismus natürlich eines nicht: den Holocaust relativieren oder ihn für andere politische Zwecke schlicht instrumentalisieren. Ihn interessierte vielmehr ein moralpsychologischer Mechanismus, der in der Tat sowohl für unseren Umgang mit Menschen als auch mit Tieren gilt: dass man den Schmerz, das Gefühl, die Realität eines anderen zwar auf sich zukommen sehen – dann aber aktiv von sich wegschieben kann. Wir können uns öffnen – oder verschließen. Und wenn wir uns verschließen wollen, dann tun wir das am besten, indem wir eine Grenze ziehen und sagen: Wir hier – und die dort. Dann brauchen wir nur noch eine passende Bezeichnung für «die»: Die sind ja «bloß Tiere».
Das Skandalon des (echten) Zitates ist also nicht, dass es die Verbrechen des Holocaust herunterspielen würde – das tut es natürlich nicht, im Gegenteil! Sondern manche Menschen empfinden es bereits als Skandalon, dass hier über Mensch und Tier, beziehungsweise unsere Verpflichtungen Tieren gegenüber, eine ähnliche Aussage getroffen wird. Genau dies aber hat Adorno nun tatsächlich getan, und er empfand es auch nicht als skanda-

lös. – Was sollte daran auch skandalös sein? Es ist keine Schande, ein Tier zu sein, und auch nicht, das Leiden der Tiere ernst zu nehmen.

Viele Formen von Ausbeutung und Grausamkeit funktionieren nur deshalb, weil wir im entscheidenden Moment jenen Mechanismus der Grenzziehung bedienen, den Adorno beschrieben hat: «nur ein …». Gerechtigkeit jedoch funktioniert genau andersherum. Gerechtigkeit verlangt von uns, über bisherige Grenzen hinauszuschreiten, wo es für diese Grenzen keine vernünftigen Gründe gibt.

Gerechtigkeit für Tiere? Das provoziert oft genug die Frage: Was gehen uns überhaupt Tiere an, wo doch all die anderen Probleme noch nicht gelöst sind? – In der Tat gehen uns Tiere etwas an, auch jetzt. Es gibt kein kosmisches Skript, in welchen Etappen sich Gerechtigkeit nach und nach auf der Welt ausbreitet – «zuerst die Menschen, dann die Tiere». Viel wahrscheinlicher ist, dass sich Gerechtigkeit überall dort ausbreiten kann, wo wir davon ablassen, unserem Gerechtigkeitssinn willkürliche Grenzen zu setzen. Und darum sollte es uns auch nicht bekümmern, dass es für viele menschliche Ohren noch ungewohnt klingt, Gerechtigkeit für Tiere zu fordern.

Wie gesagt: noch. Denn nicht umsonst heißt es: «Zweifle nie daran, dass eine kleine Gruppe engagierter Menschen die Welt verändern kann – tatsächlich ist dies die einzige Art und Weise, in der die Welt jemals verändert wurde.» Das sagte die einflussreiche Anthropologin Margaret Mead – mit hoher Wahrscheinlichkeit nicht. Das Internet hat ihr diese Worte in den Mund gelegt. Und sie sind zu schön und ermutigend, um der Vergessenheit anheimzufallen, bloß weil sie kein Zitat, sondern nur eine Hoffnung sind.

NACHWEIS

Fast sämtliche hier abgedruckten Texte erschienen zuerst – manchmal in etwas anderer Form – im Feuilleton der *Berliner Zeitung* und der *Frankfurter Rundschau*. Ich danke meinen dortigen Kollegen Daniel Haufler, Harald Jähner, Ulrich Seidler und Christian Thomas ganz herzlich, dass sie mir seit nun schon vier Jahren die Gelegenheit geben, monatlich eine Kolumne mit Tiergeschichten zu füllen – egal ob heiter oder, meistens, ziemlich kritisch.

Die Texte «Alles ist vurscht!», «Viel Aufregung um Josh», «In Freiheit» und «Cleveres Vokabular für poliertes Image» erschienen zuerst in der *taz*; wiederum war es Daniel Haufler, der mich vor etlichen Jahren als Kolumnistin zur *taz* holte und ermutigte, auch auf den einst der «Menschen-Politik» vorbehaltenen Seiten über Tiere zu schreiben – meinen herzlichen Dank!

«Aus Sicht des Ferkels», «Kuhhandel» und «Der Beruf der Schweine» erschienen in der *Süddeutschen Zeitung* und im Magazin der *Süddeutschen Zeitung*. «Doch kein Uhrwerk» erschien im Philosophie-Magazin, Stücke aus «Das Heim als Falle» in der *ZEIT* und «Vergeudete Leben? Ein Rettungsversuch» im *FAZ*-Blog «Ich. Heute. Zehn vor acht». «Pferdefleischskandal» wurde im *WDR* und «Wellness im Abferkelstall» auf Deutschlandradio Kultur gesendet.

Ich danke allen erwähnten Medien, dass sie dem Abdruck in diesem Buch freundlich zugestimmt haben. Und ich danke Robin Bauer, Mabruka Birgit Wölki und all meinen anderen Schafsittern, dass sie so liebevoll auf die hiesigen Tiere achtgegeben haben, während ich andere besuchen fuhr!

© Ilona Habben

HILAL SEZGIN,

geb. 1970, studierte Philosophie in Frankfurt am Main und arbeitete mehrere Jahre lang in der Feuilletonredaktion der *Frankfurter Rundschau*. Seit 2007 lebt sie als freie Journalistin und Buchautorin in der Lüneburger Heide, wo sie einen kleinen Gnadenhof mit Schafen und Hühnern betreibt. Sie schreibt u. a. für die *Berliner Zeitung*, *Frankfurter Rundschau*, *Süddeutsche Zeitung*, *taz* und DIE ZEIT. Zuletzt erschien von ihr bei C.H.Beck «Artgerecht ist nur die Freiheit» (4. Aufl. 2014).

© Manu Theobald

ROTRAUT SUSANNE BERNER,

geb. 1948, Illustratorin, Buchgestalterin und Autorin, wurde mit ihren Kinderbüchern weltbekannt und vielfach ausgezeichnet, u. a. mit dem Deutschen Jugendliteraturpreis für ihr Gesamtwerk.